選択を迫られたとき、
思考は深まる。

究極の思考実験

RYOKO KITAMURA
北村良子

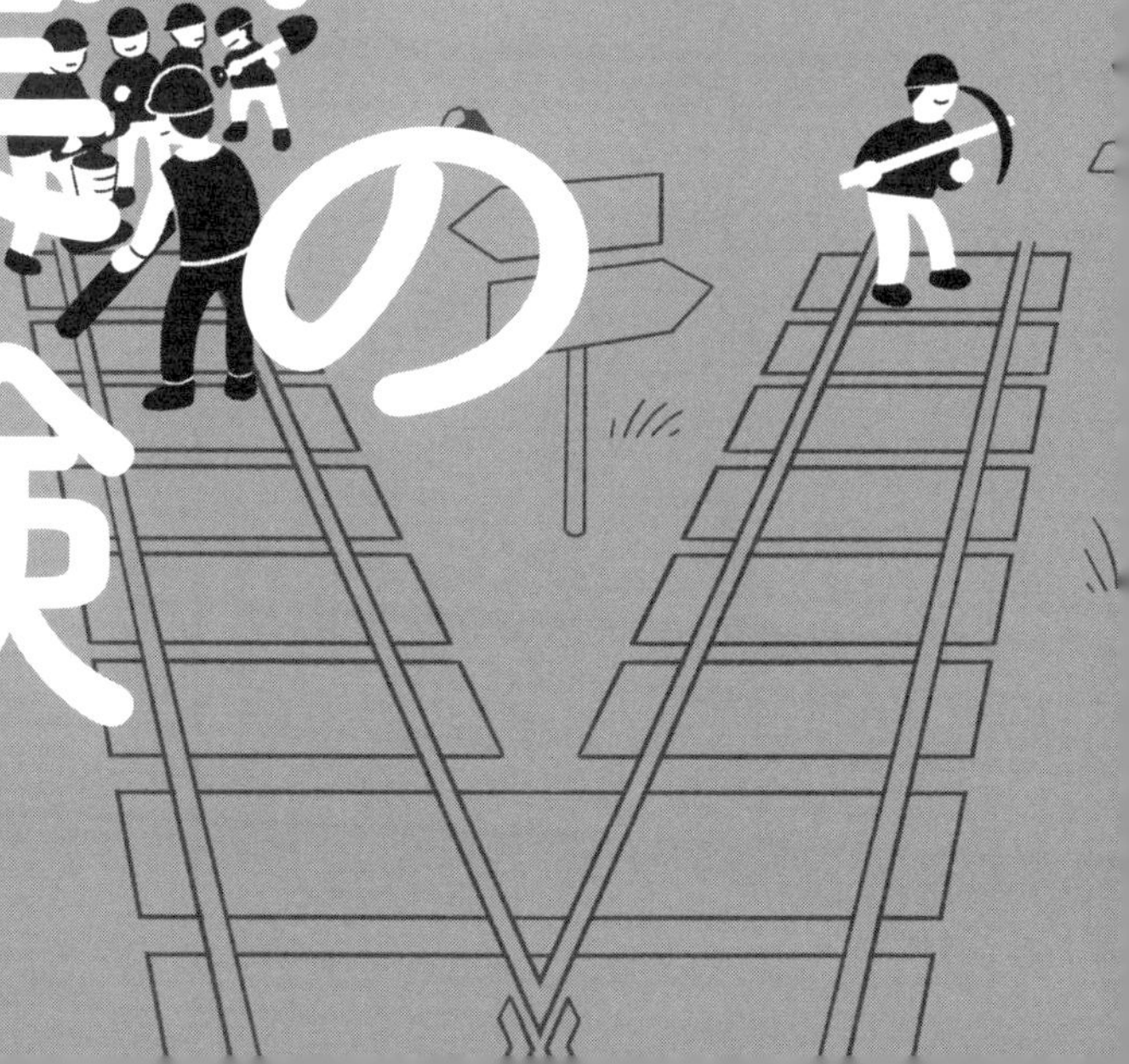

WANI BOOKS

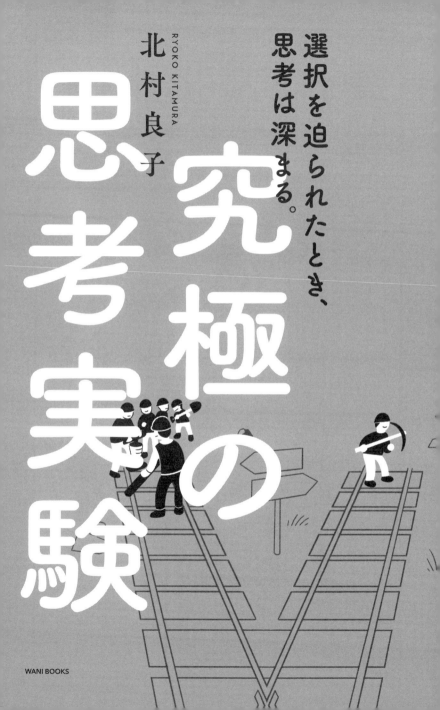

暴走トロッコと6人の作業員

街を目指して
長いトンネルを
線路沿いに歩いてきた
あなたは、ついに
外へと出ることができた
なるほど
ここで線路を
切り替える
のか
街が近い
のかもしれ
ないな……
ドドド
コン
カン
カン
ん？

カン
カン
カン
ドドドド
ドドド
ゴン
ドド
人がいる！
あの人たちに
街への行き方を
聞いてみるか
線路の上では
5人の作業員が
工事をしていた
ドドドドドドド
ゴゴゴゴ
カン
カン
ドドドド
ゴゴゴゴゴ
それにしても
かなり
大きい音で
作業しているな
ゴゴゴゴ
これは近くに
行かないと
声が……
ドドドド
ゴゴゴゴ
ん？
ゴゴゴゴゴゴ

ゴゴゴゴ
ゴゴ
う、うわ！
暴走トロッコだ！
工事してる人たちが危ない！
おーい
ない！！！
逃
て
ゴゴ
ドド
ダメだ……気づいていない！
そうだ、これで線路を切り替えれば……！
ゴゴゴ
ゴ
ゴ
グッ
えっ
切り替えた先にも１人……！
そんな……！

5人を救うために線路を切り替えれば、1人が犠牲に……
しかし
×1
×5
このまま何もしなければ、5人が犠牲になってしまう！

究極の選択

あなたは作業員たちと何の面識もなく、たまたまそこにいただけである。また、あなたの行動は後から罪に問われることも、誰かに責められることもない。

大声を上げても、ジェスチャーをしても、作業員は気がつかず、あなたに今できるのはレバーを切り替えることしかない。

さぁ、どうする!?

A
▼レバーを切り替え、1人の作業員が犠牲になる

B
▼レバーをそのままにし、5人の作業員が犠牲になる

プロローグ

1人の命か、5人の命か。

この話は、イギリスの哲学者であるフィリッパ・フットが提唱した非常に有名な思考実験をもとに作られたものです。ハーバード大学のマイケル・サンデル教授による公開授業『白熱教室』でもこの思考実験が取り上げられ、広く認知されることになりました。

このような、自分で考え、自分の答えを導き出すための問題を思考実験といいます。

思考実験は、正解不正解がないものが多く、このトロッコ問題もその1つです。

こういった正解不正解のない問題を考える思考実験の目的は、自分の考えを確立したり、自分を知ったり、思考をまとめる力を育てることなどにあります。さらには、新たな発想を得るための手がかりとなる、自分ならではの思考の法則を獲得することにも繋がります。

先ほどの「暴走トロッコと6人の作業員」での2つの選択肢も、一方が正解で他方が

1人の命と5人の命の重さは？

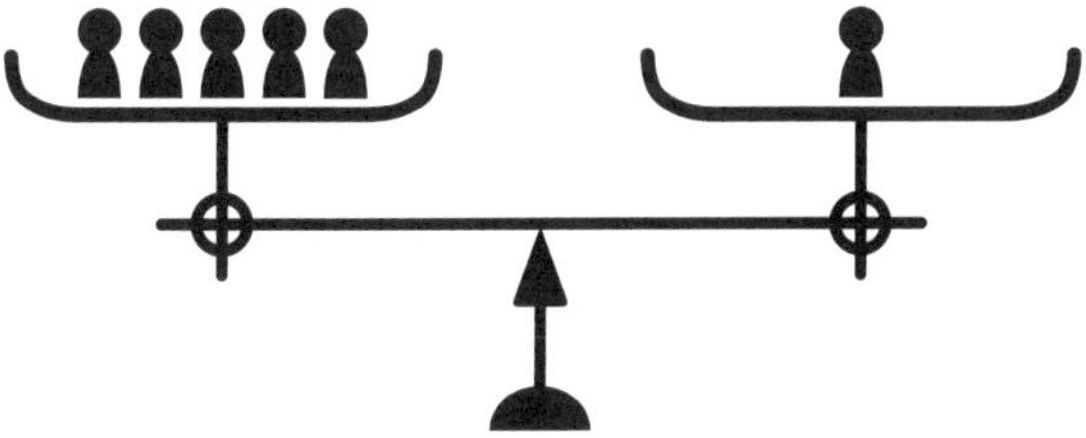

不正解というわけではありません。だからといって、なんとなく選択していては意味がないのです。

重要なのは、ただ選択するだけでなく、自分の意見として人に伝えられるようになるまで考え抜くことです。

この問題では、2つの天秤が論点となります。1つは「1人の命」と「5人の命」、もう1つは「行動すること」と「傍観者でいること」です。

「1人の命」と「5人の命」を天秤にかけたとき、より多くの5人の命のほうが重いと考える人が多いでしょう。

ところが、このとき、3つ目の天秤が私たちの思考を惑わせることになります。それは、も

「自分」が運命を変えてしまう?

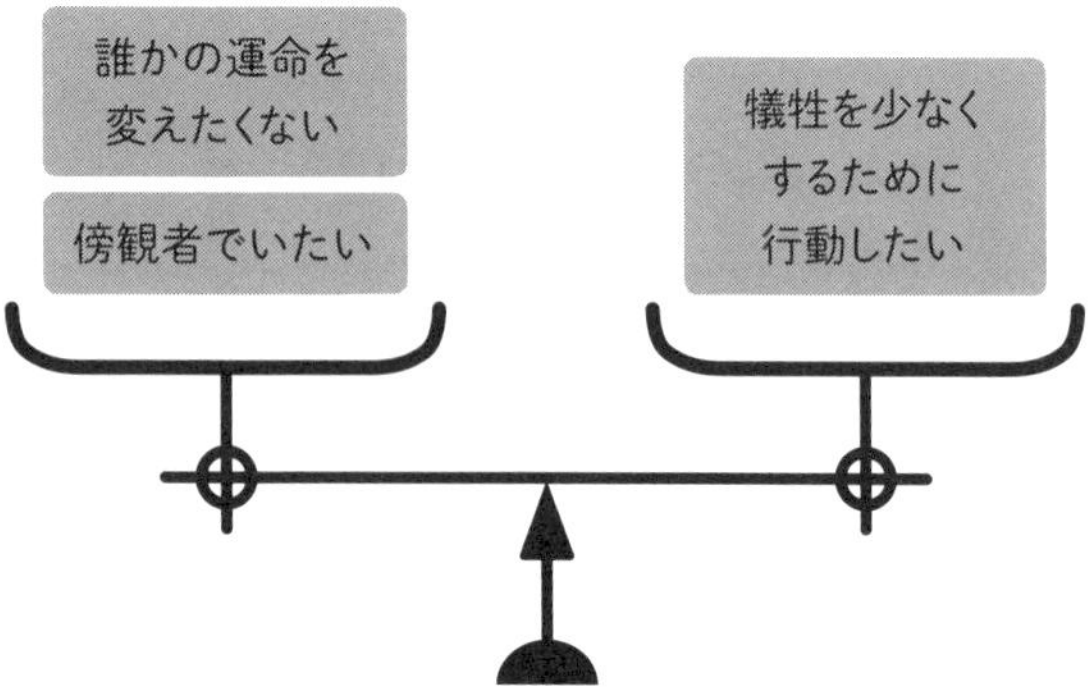
誰かの運命を
変えたくない
傍観者でいたい
犠牲を少なく
するために
行動したい

ともとトロッコが向かっていた先にいた5人、つまり「死ぬ運命にあった5人」と、もう一方の線路上にいた「死ぬ運命になかった1人」という天秤です。

5人の命のほうが重くても、もともとトロッコは、その5人に向かって走っていたのです。この時点で「死ぬ運命になかった1人のほうを重く捉えるべき」と考えた場合、そこで結論が出ます。「レバーをそのままにし、5人の作業員が犠牲になる」という選択です。

それでも「5人の命」のほうを重く考えたとき、2つ目の天秤が問題になります。大抵の人は、自分が他人の運命に関わることに強い抵抗を感じるでしょう。できることなら傍観者でいたいものです。

決まっていた運命を変える?

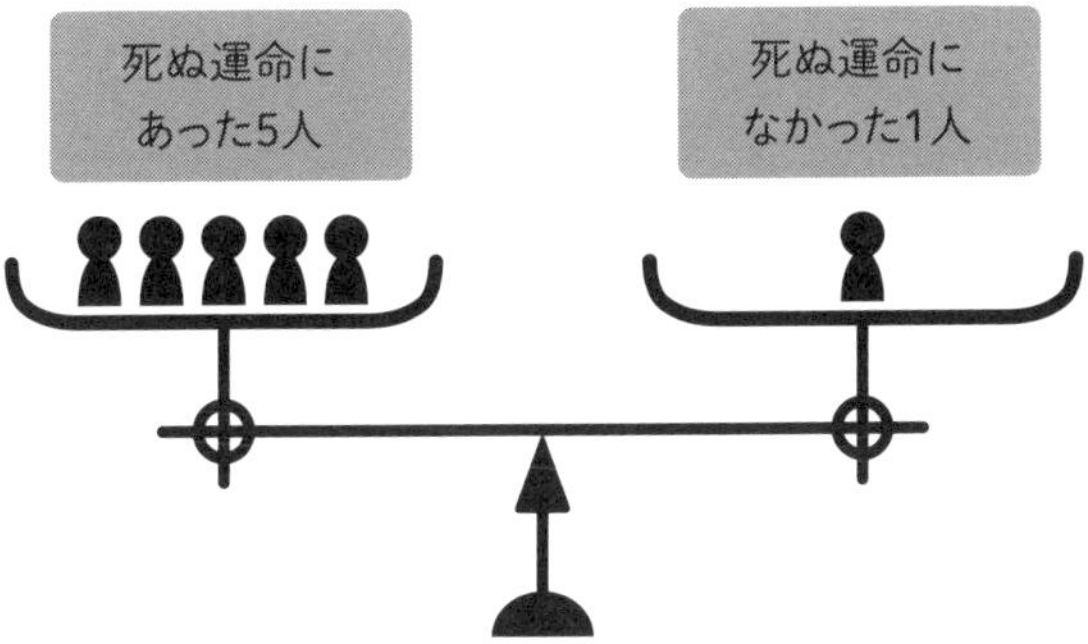

その抵抗を加味すると、「5人の命」を救うべきだと考えていたとしても、レバーを動かさないという選択を取りやすくなります。

本書では、それぞれの思考実験に対して、どちらの究極の選択をするか、アンケート調査を行いました。自分の選択は多数派だったのか、それとも少数派だったのか。自分と異なる選択をした人は、なぜそちらを選んだのか。

「暴走トロッコと6人の作業員」でのアンケートの結果は、次のようになりました。

49%

A

レバーを切り替え、1人の作業員が犠牲になる

- 1人の命も大事だが、この状況では人数の多いほうを救わねばと思わざるをえないから。（20歳女性）
- 面識がない＝自分にとって全員の価値が同じものとして考えると、より多くの価値を残せるほうを選ぶ。（22歳男性）
- 1人の犠牲によって5人が救われると考え、レバーを切り替える。（52歳男性）

51%

B

レバーをそのままにし、5人の作業員が犠牲になる

- 誰かが犠牲になるのならば、自分の判断にはよらず決まって欲しいと思うから。（48歳男性）
- 犠牲者数云々より、レバーを切り替えた責任が自分に発生すると思うから。（55歳女性）
- 5人が死ぬケースは単なる事故だが、意図的にレバーを操作したら、殺人行為にあたると思うから。（28歳女性）

ちなみに『白熱教室』で多数派と紹介されていたのは「レバーを切り替える」という選択でしたが、ここでは僅差で「レバーをそのままにする」が上回る結果となりました。多くの人が、「自分の判断で犠牲者を出したくない」と、自身が関わることに拒否感を示したことから、日本人は特に他人の運命に関わることを嫌う傾向にあるといえるでしょう。

本書では、全部で27の究極の選択を迫られる思考実験を用意しました。自分ならこんなとき、どちらを選択するか。その理由はなぜか。

決断を迫られたとき、私たちの思考は深まります。自らの頭で考え、決断し、意見をまとめる力をつけることで、あなたの思考の幅をより広く、より深いものにしていきましょう。

CONTENTS

2章

命の選択

3章 近未来の選択

4章

倫理の選択

※本書にあるアンケート結果は、クラウドソーシング「ランサーズ」にて行った、それぞれの思考実験についてどのように考えるかの調査結果をもとに作成したものです。

1章

思考の選択

テセウスの船

その昔、古代ギリシアの都市・
アテナイの市民を苦しめる
ミノタウルスを討ち取った
英雄テセウスが、
戦いの地・クレタ島から帰還した

歓喜した人々は
テセウスの船を
保管し
英雄の功績に
思いを馳せ
大事に扱っていた

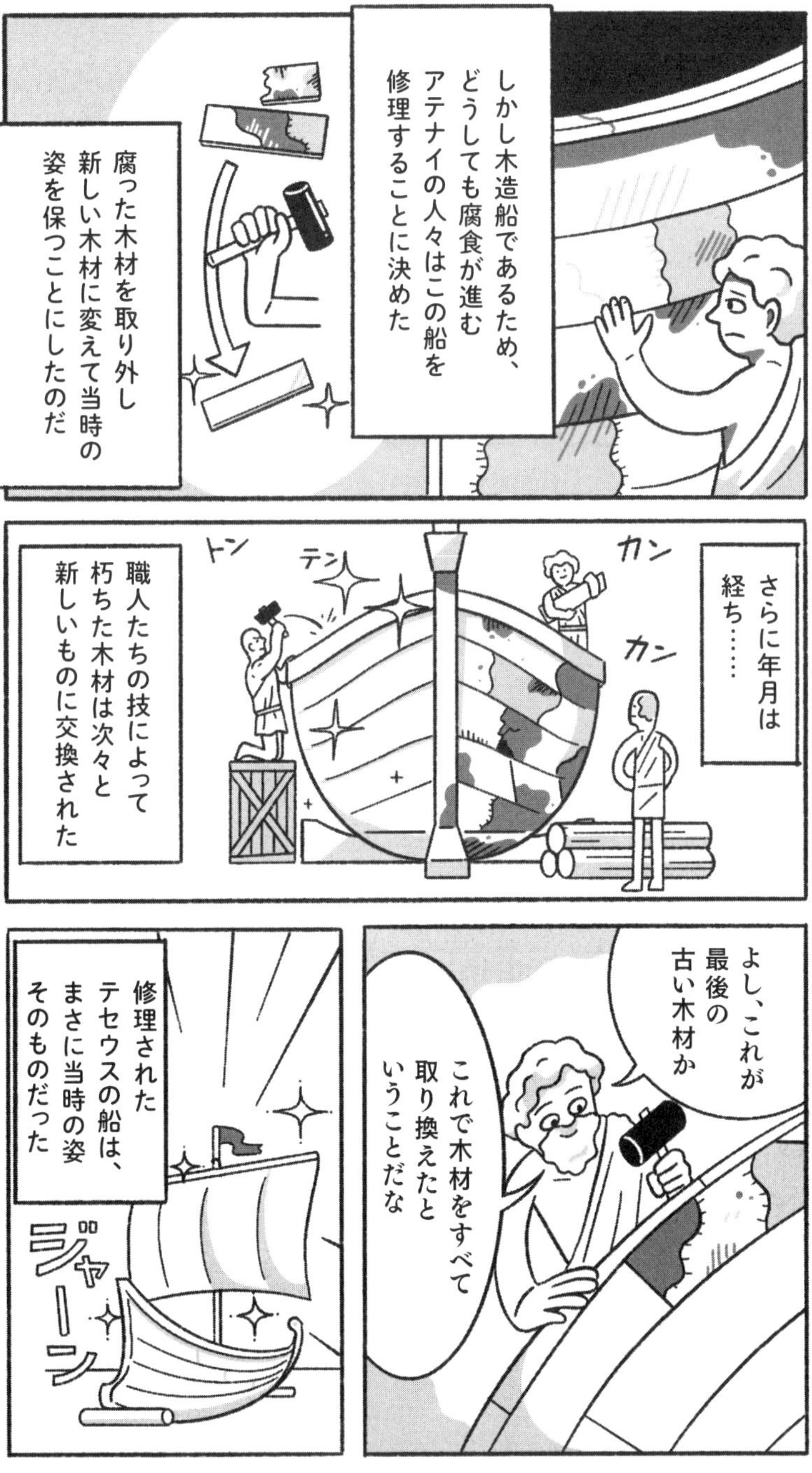
しかし木造船であるため、どうしても腐食が進むアテナイの人々はこの船を修理することに決めた
腐った木材を取り外し新しい木材に変えて当時の姿を保つことにしたのだ
さらに年月は経ち……
トン
テン
カン
カン
職人たちの技によって朽ちた木材は次々と新しいものに交換された
よし、これが最後の古い木材か
これで木材をすべて取り換えたということだな
修理されたテセウスの船は、まさに当時の姿そのものだった
ジャーーン

待てよ、古い木材はすべて保管してある……つまり古い木材が揃った今、これを組み立てれば船の形になるはずだ
時間はかかるかもしれないが、みんなで力を合わせてやってみるか
職人たちは古い木材を組み立て直し、船の形を復元した
そして……

究極の選択

さて、修理してきたテセウスの船と、朽ちた木材で復元したテセウスの船。

どちらが本物のテセウスの船？

さぁ、どうする!?

A ▼修理してきたテセウスの船

B ▼朽ちた木材で復元したテセウスの船

解説

「テセウスの船」は、ギリシャ神話に出てくる英雄、テセウスの話が元となった有名な思考実験です。私も、著書である『論理的思考力を鍛える33の思考実験』（彩図社）を始め、いくつかの本にこの思考実験を掲載しており、中学校の入試問題にも採用されました。ここでは、それらとは違うアプローチでこの思考実験を行いたいと思います。

「新しい木材の船」と「朽ちた木材の船」を擬人化し、それぞれが「自分こそ本物のテセウスの船である」と主張するなら、どんなことをいうのか考えてみたいと思います。

「新しい木材の船」の主張

主張1 私は昨日も一昨日も、1年前もその前も、ずっとここにいた。ずっと人々に「テセウスの船」と呼ばれてきた。

主張2 私は当時の「伝説のテセウスの船」と同じ機能を持っている。海に浮かぶこと主張3 もできれば、クレタ島に行くこともできるのだ。「朽ちた木材の船」とは違い、私は当時の「伝説のテセウスの船」と変わらぬ外観を保っている。

「朽ちた木材の船」の主張

主張1 私に使われている木材は、すべて当時と同じものである。

主張2 テセウスが実際に触れたのは、私に使われている木材であり、テセウスの汗も、当時の海水も、私に染み込んでいる。

主張3 「新しい木材の船」は、精巧に作られたレプリカである。レプリカとは違い、私は当時を見て、知っている。

こう考えていくと、どちらの主張も納得できるもので、どちらもテセウスの船だといえそうです。**この選択をするにあたって重要なのが、何をもって〝当時のテセウスの船と同じ〟とするかです。**これは、時と場合によって異なります。

例えば、「この服は、あの人が着ている服と同じ」といえば「同じ商品番号の、同じデザインの服」を意味しており、世界中に製造された数だけ存在することになりますが、「兄弟で同じ服を着回している」といえば「ただ1つのその服」を指します。

テセウスの船の「同じ」も、時と場合によって変化します。使っている木材が同じであることを重視するのであれば「朽ちた木材の船」を選択し、船の見た目や機能として同じであることを重視するならば「新しい木材の船」と答えることになるでしょう。

「どちらが本物のテセウスの船か決めてください」と迫られたとしたら、あなたはどちらが本物であると判断しますか？

アンケート結果

「朽ちた木材で復元したテセウスの船」がリードする結果となりました。「テセウスが実際に乗り、触った船」こそが本物であると、多くの人が考えたようです。

B 朽ちた木材で復元したテセウスの船

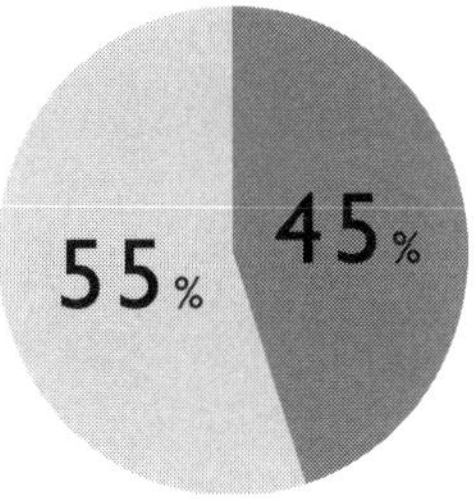

A 修理してきたテセウスの船

- 修理してきたテセウスの船には、当時の木材は使われていない。すべて新しい木材なので、名ばかりのテセウスの船だ。（73歳男性）
- 朽ちた木材で復元した船のほうが、歴史とロマンがある。（48歳女性）
- 「事実としてテセウスに使用された実績がある船」なのか、レプリカとしての展示物の違いかということで整理できると思う。（57歳男性）

- 朽ちた木材で復元した船は素材的に劣っており、初回製作時に期待されたほどの機能は維持されていないため、特定の目的を達成することはできない。（56歳男性）
- 修理してきたものには歴史があると思う。木材が変わっても、ずっと大事にされてきたものが本物。（32歳女性）
- 人々が重視したのは船そのものでなく、テセウスの功績。それを残したいと考えるなら、伝承していくにふさわしいのは修理した船だ。（21歳男性）

思考実験3

最後通牒ゲーム

あなたは、ある実験に参加することになり、実験会場であるオフィスビルの1室にいます。隣の部屋には、もう1人の実験参加者（Aさん）がいるようです。

しばらくすると、部屋に実験者が入ってきて、あなたにこういいました。

「今からあなたとAさんの2人に、あわせて10万円を差し上げます。この10万円をどう分けるかを決めるのは、Aさんです。もし、配分が気に入らなければ、拒否することができます。しかしその場合、あなたとAさんは互いに1円も貰うことができません」

そして5分後、再び実験者があなたの部屋にやってきました。

「Aさんはあなたに500円を渡すといっています。つまり、Aさんが手にする金額は9万9500円です」

あなたはAさんに会ったこともなく、お互いの名前すら知りません。また、この実験の後、Aさんに会うことはありません。

さて、あなたはAさんからの提案を承諾しますか？　拒否しますか？

究極の選択

A
承諾し、500円を受け取る

B
拒否し、Aさんもあなたも1円も受け取らない

解説

Aさんが9万9500円で、あなたが500円という配分は、常識的に考えればありえない提案でしょう。当然、「馬鹿げている」と反発したくなるものです。

この配分を知らされたとき、こんなふうに思う人がたくさんいるはずです。

・相手が自分の199倍の金額というのは不公平である
・こんな提案をするなんて、失礼だ
・「500円でも欲しいでしょう?」と、馬鹿にされている気分になる
・Aさんだけ得をするなんてずるい
・承諾して、500円だけ貰うなんてみっともない

そして、たったの500円なら貰わなくてもいいと考え、拒否を選択します。自分が少々の得をするよりも、相手に大きな得をさせないことで、不公平であると主張する

のです。

500円を受け取ると答える人は、「座っていただけで500円貰えるのだから、ラッキーだ」とか、「何も貰えないよりは、500円でも貰えたほうがいい」と答えるのではないでしょうか。

500円を受け取らないという選択は、相手との比較によって生まれます。一方で500円を受け取るという選択は、受け取らない状態（0円）との比較によって生まれているると考えられるのです。

では、Aさんが人間でなく、機械だとしたらどうでしょうか？ 機械があなたの待つ控室の様子をカメラで見ており、その結果としてはじき出した数字が500円だったなら、どう考えますか？

その場合、先ほどのような「ずるい」「馬鹿にされた」という感情は、まず浮かばないでしょう。「機械がはじき出した数字なら仕方がない」と受け取るでしょうし、「自分は500円渡せばいいタイプらしい」と、笑い話にすらなりそうです。

では、両者の差は何でしょうか？

当然、相手が人か機械かという違いなのですが、それによって変わるのはあなたの思考です。相手が人間の場合は、見知らぬAさんに対する不平不満から、ずるい、おかしい、悔しいといった感情が芽生えます。実際に似たような実験をすると、500円よりずっと多い配分にしても、相手のほうがある程度以上多く受け取るケースでは、「拒否」が多数派になることがわかっています。

つまり、この思考実験は、相手への感情を優先させるか、自分の利益を優先させるかという2択になります。もし、あなたの役を機械が担当したとしたら、100%の確率で500円を受け取るでしょう。なぜなら、そのほうが自分にとって得だからです。しかし、私たちはもちろん機械ではないため、感情が働き、選択に迷うのです。

アンケート結果

拒否すると答えた人が多数派となりました。承諾すると答えた人は、あくまで自分が得をするかどうかを優先し、0円よりは500円でも貰えたほうがいいという声が圧倒的多数でした。

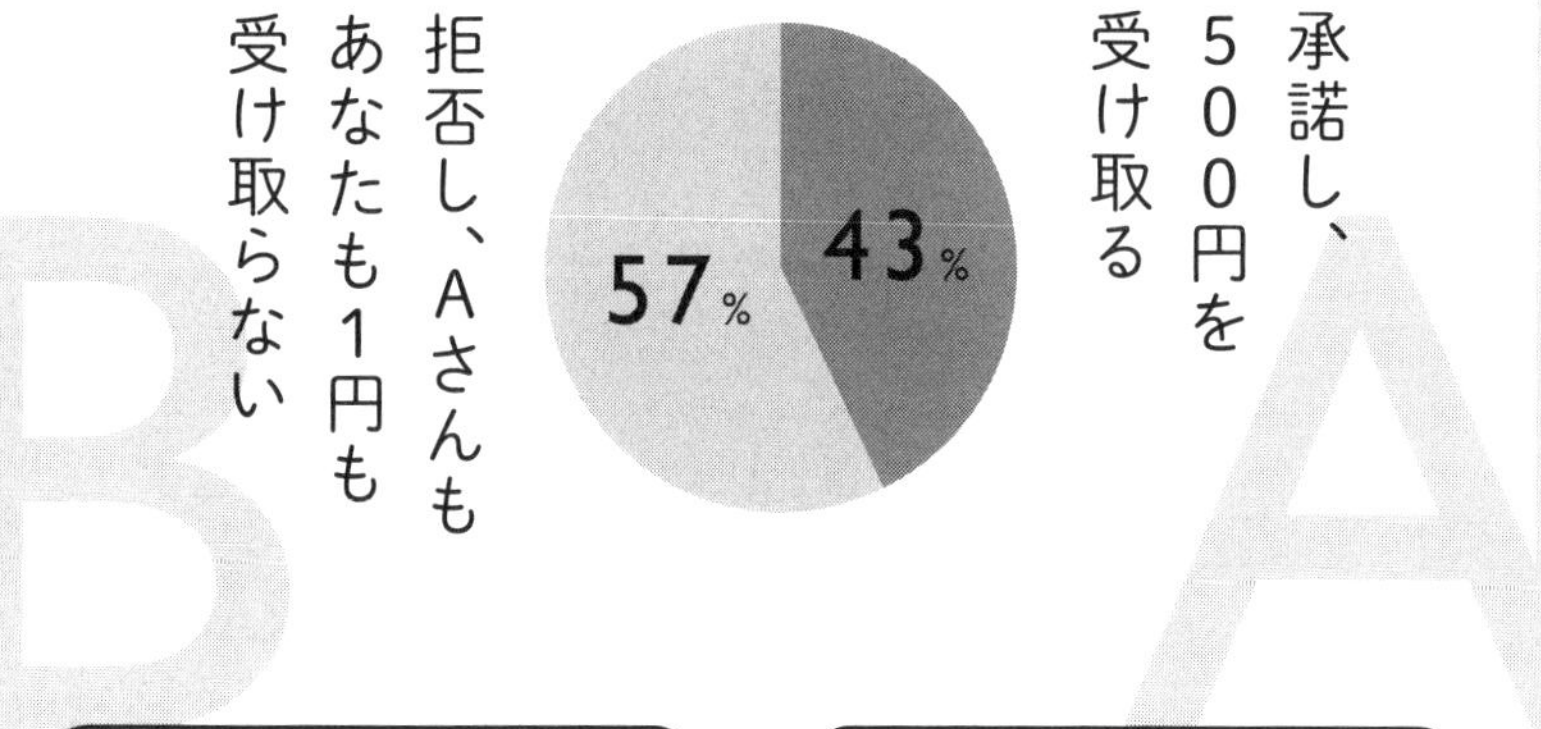

- あまりに少額なので、Aさんの考えに従ってAさんの思い通りになるのは悔しいし、不公平だから。（45歳女性）
- こちらに対する配慮がなさすぎるので拒否する。相手に選択の優位があっても、せめて3:7程度の配分にして欲しい。（37歳男性）
- 何も受け取れないか、ただ悔しさを感じるかを天秤にかけて比較したとき、何も受け取れないほうがいいと判断したから。（19歳女性）

- 500円程度なら貰っても貰わなくても、どちらでもいいが、せっかくなので貰っておく。（40歳男性）
- 自分には0円か500円かの選択肢しかないので、自己の利益を最大化できる選択をする。（41歳男性）
- 500円しか貰えないと考えた場合、相手が得をして自分が損をしているような感覚になるが、実際には両者とも得をしているから。（25歳男性）

思考実験4

魂の存在

今年高校3年生になるハルコは、1年前に亡くなった祖母が大好きでした。そのためか、祖母が亡くなってからというもの、ハルコの両親は、おばあちゃんの力を借りてハルコを励ますようになりました。

「おばあちゃんが見ているわよ」
「おばあちゃんが応援しているぞ」
「おばあちゃんも喜んでいるな」

ハルコ自身、そう考えることで不思議と力が湧いてくるような気がして、「おばあちゃんの力を貰えている」と頑張れるようになったと感じています。

「これもおばあちゃんのおかげね」

ある日、ハルコは空を見上げて、ふと思いました。

「おばあちゃんは本当に私を見守っているのかな？　おばあちゃんは魂として私に会いにきているのかな」

さて、おばあちゃんは本当にハルコを見守っているのでしょうか。
あなたは、「魂の存在」を信じますか？

究極の選択

A
魂の存在を信じている

B
魂の存在を信じない

解説

魂とは、肉体とは別の、精神的な実体を指すと考えられています。昔から人類は肉体と精神を分けて考えてきましたが、死によって肉体が土に返っても、魂はどうなるのか、当然ながら、私たちがそのすべてを知ることはできません。魂は「ある」とも「ない」とも確証できない存在なのです。

「脳の思考は電気信号によるものである」と科学が証明しても、その電気信号によって作られたものこそが魂であり、私たちの意識として存在しているのかもしれません。はたまた、全く別の形で存在する魂があり、死後も私たちの世界にいるのかもしれません。一方で、「いやいや、何を馬鹿なことを。魂などは人が自分に都合のいいように作り出したもの、実際には存在しない」という意見も多いでしょう。確かに、「魂」という言葉は人が作り出したものですし、「これが魂です!」と目に見えるものがあるわけでもありません。

神様や妖精、精霊、守護霊など、魂以外にも人々は様々な存在を時に信じ、疑いながら歴史を重ねてきました。実際にそれらを見た、感じたという証言も数多くありますが、完全に信じている人、いるような気がする人、あまり信じない人、絶対に信じない人など、立場はそれぞれです。

ただし、これらの存在に共通するのが、高い認知度を誇るという点です。魂といえば、ほとんどの人が同じようなものを想像できるほど、世界中に認知されたパワーのある存在だということは事実です。人はこうした存在を時に必要とする、心の構造を持っているということでしょう。

ハルコの場合、おばあちゃんの魂の存在を信じることで、精神的によい効果が表れているようです。このように、魂が存在するかしないかはわからないけれど、信じることで精神的に支えられ、勇気を貰えるという人も多いことでしょう。実際に存在する、しないよりも、信じることで心が穏やかになるという効果のほうが、ハルコにとっては大きいようです。

魂や神様、天国、来世などは、信じることで救われたり、勇気づけられたりする人が

天国

魂

霊

見たことのないものの存在を信じることで現実に心が変化する?

多くいる一方で、信じたからといって直接的に不利益があるわけではありません。信じない場合は、信じなかったからといって利益も不利益もないのです。つまり、信じるだけで自分にとってプラスになるなら、わざわざ信じない理由は特にないとも考えられます。

科学的に存在が確かめられたわけではないけれども、否定する理由も特に見つからないのが、魂の立ち位置であるといえそうです。

あなたは魂の存在を信じますか? それとも信じませんか?

アンケート結果

実際は、「どちらかというと信じている」「どちらかというと信じない」も選択肢にあり、A、Bはそれぞれを含んだ数です。最も多かったのは、「どちらかというと信じている」となりました。

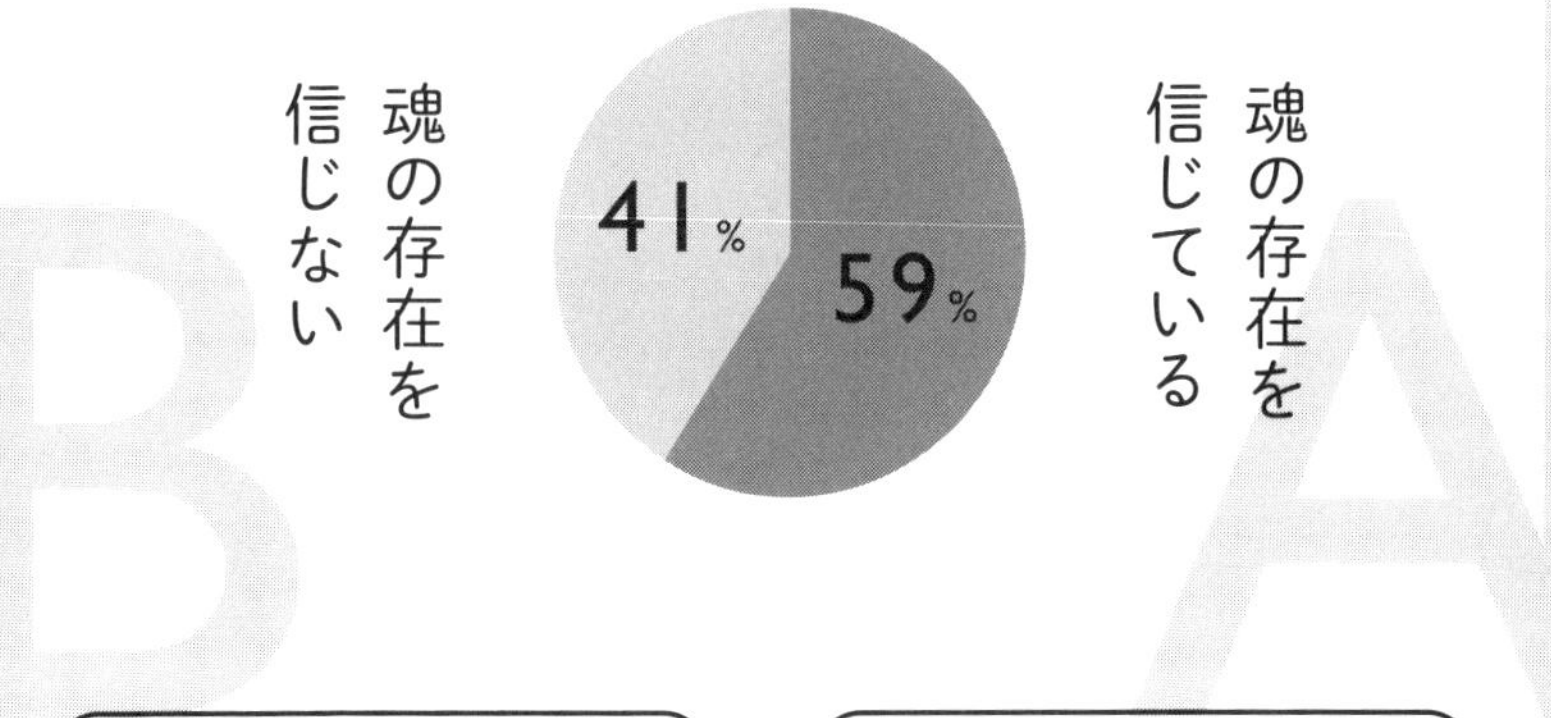

- 信じたいという願望もあるが、物証という絶対的な説得力を伴わないから。（56歳男性）
- すべての生き物は、死んだら無になると思う。魂などは人間に都合のいい考え方に過ぎない。（24歳女性）
- あらゆる命あるものは、死んでしまえば意識も消滅し、残った遺体も土に返り、自然の生態系の一部になると考えている。（55歳女性）

- 「魂は存在しない」と証明できるまでは、存在すると思っている。（41歳女性）
- 日本には古くから「虫の知らせ」など、人知を超えたものが存在しているから。「魂の存在」も、その一種ではないか。（38歳男性）
- 人間は死ぬと物理的になくなってしまうので、魂の存在もありえないとも考えられるが、残された人の心の中には魂が生き続けるのではないかと思う。（61歳男性）

思考実験5

透明人間になれたなら

あなたは、透明人間になれる指輪を手に入れました。

指輪の宝石部分を右に90度傾けると、服などの身につけている物も含めてあなたは透明になり、宝石を元に戻すと姿も元に戻ります。

この指輪を持っているのは、世界であなた1人だけです。

この指輪を使って、自分が何をするか想像してください。

「よいこと」ができると考えるでしょうか。

それとも「悪いこと」をしてしまいそうだと考えますか？

なお、この指輪を売ること、誰かに渡すことはできないものとします。

究極の選択

A

「よいこと」に使えると思う

B

「悪いこと」をしてしまいそう

解説

透明人間を扱った『ギュゲスの指輪』という有名な物語があります。この物語は、真面目な羊飼いの青年が、透明人間になれる指輪を手にしてから本性を現したかのように人が変わってしまうというものです。

青年は城の物を次々と盗むようになり、挙句の果てには王妃を味方につけ、2人で共謀して王を殺し、自身が王になってしまいます。元は真面目な青年だったのに、透明人間という特性が彼を変えてしまったのです。

人は悪いことや、後ろめたいことをするとき、また、悪いと勘違いされそうなことをするとき、周囲を見回します。「誰かに見られていないか」を異常に気にするのです。周囲の人から注意されないか、悪い評価をされないかなど、周りの目があることによって自分に不利な何かが起こることを恐れているからです。

ところが、透明人間になり、誰にも見られないことが確定しているのなら、それらの

透明になると気が大きくなる?

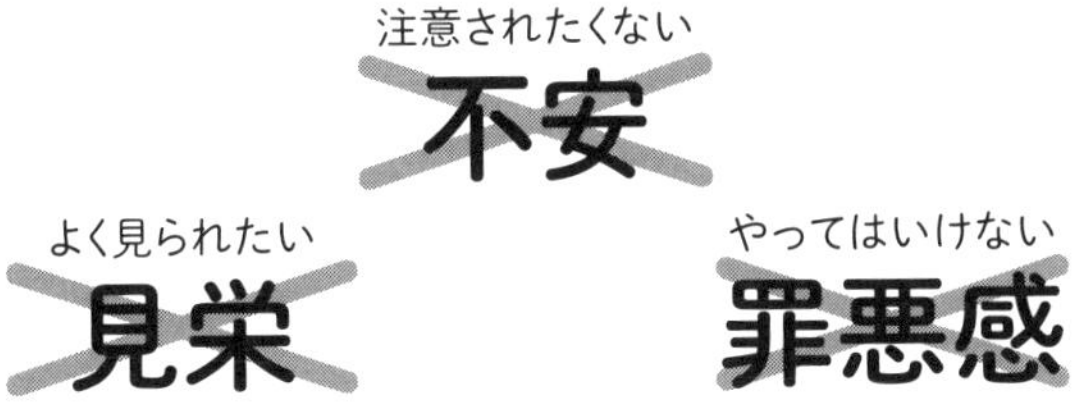

見栄を張る必要もなく、不安はなくなる。
やってはいけないことも、誰にも見つからずに
できてしまうため、罪の意識が薄れてしまう。

心配は一切なくなります。自分の姿は誰にも見えませんから、安心して事を運べてしまうのです。

例えば、ショッピングモールなどで見かける「スタッフ以外立ち入り禁止」の区域。例え興味があっても、私たちがその場所に入らないのは、やってはいけないことだと認識しており、入れば注意されることがわかっているからでしょう。自分はそんなことをする人ではないというプライドや、変な人だと思われたくないという見栄もあります。

しかし、注意する人も、悪く評価する人もいないのであれば、そういった不安や見栄を気にする必要はありません。注意されないのなら、罪悪感が徐々に薄れていってもおかしくないでしょう。

これらのことから、透明人間になれる指輪は、悪いことをしやすい状況を作り出していると考えられます。

次に、よいことについて考えていきましょう。透明人間になったら、どんなよいことができるでしょうか。誰かを尾行すると考えたとき、確かに透明人間であれば楽に尾行ができますが、一歩間違えればストーカー行為です。

スポーツ観戦や観劇で、後ろの座席の人が見やすいように透明になれるのは便利かもしれませんが、あくまで便利なだけです。事件の捜査において、透明人間の優位性を利用できる場面もあるでしょうが、透明なだけの素人であれば、なかなかその優位性も生かしきれず、残念な思いをするかもしれません。

つまり、透明人間になってできることは、よいことよりも、悪いことのほうが圧倒的に考えやすく、実行しやすいと考えられます。空を飛ぶことができる、傷を治すことができる、瞬間移動できる、とんでもないパワーを持っているなどの能力であれば、人命救助を始め、いくらでもよいことに利用できるでしょう。それに比べると、透明人間はできることが限られ、役立てる場面が制限されているように思えます。

アンケート結果

透明人間になってできる「悪いこと」は思い浮かぶが、「よいこと」は思い浮かばないという意見が多くありました。なかなか、透明人間をよいことに活用するのは難しいようです。

A 「よいこと」に使えると思う

B 「悪いこと」をしてしまいそう

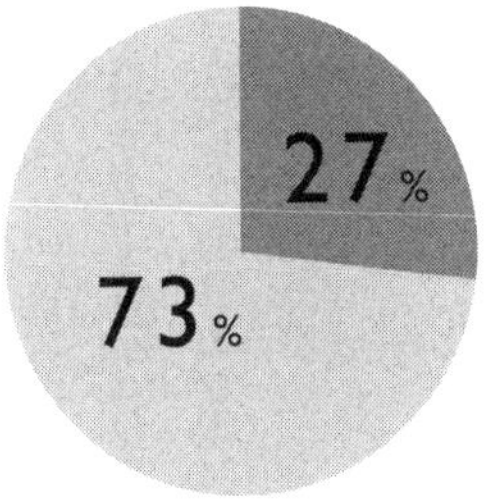

- もし透明人間になれたとしたら、やはりよいことに使いたい。人を驚かせたり困らせたりしても何も面白くないし、そこに価値を感じない。(35歳女性)
- せっかく透明人間になれるなら、悪人を懲らしめたい。(35歳男性)
- よいことをするのに照れくささがあるので、透明人間になれたら人目を気にせず、よいことができると思う。(29歳女性)

- 世界で自分1人だけが透明人間になれるという特別感や優越感で、他の人にできないことをやりたいと考えると思う。透明になってよいことをしても感謝されないので、だんだんと悪いことをするようになりそう。(27歳女性)
- よいことは隠れなくてもできる。悪いことをするときは隠れたい。(50歳女性)
- あまりよいことに使うイメージができない。(36歳男性)

思考実験6

記憶のない会議室

あなたは今、ある会議室にいます。

そこには20人の人がいますが、あなたを含む全員が同じ服を着ており、記憶が全くありません。全員、自分が何者なのか、何歳なのか、なぜここにいるのか理解できていないのです。

会議室に議長を名乗る性別不明の人がやってきて、こういいました。

「あなたたちは国民の代表として抽選により選ばれ、この会議に参加しています。この国の将来をどう導くのか、今、それを決定します。ここに2つの案があります。どちらがいいかを選択し、投票してください」

20人の前に、2つの案が提示されました。

その1　弱きを救済する社会

経済的、社会的、身体的な弱者を救済することに重きを置き、それらに恵まれた人から多くの税を徴収して、弱者を支援します。

その2　強きを優遇する社会

経済的、社会的、身体的な強者を優遇することに重きを置き、強者が有利になるように税制を整え、彼らを支援します。

あなたは、自分がどんな立場にいて、どんな生活を送っているのか全くわかっていませんが、この国に今生きている20歳以上であることは確かだと知っています。そして、この会議が本当に国の将来を決定する重要なものであることもわかっています。

さて、どちらの案を支持し、投票しますか？

究極の選択

A
弱きを救済する社会

B
強きを優遇する社会

解説

この思考実験は、アメリカの哲学者、ジョン・ロールズによる『無知のヴェール』を参考に作られています。無知のヴェールは、それを被ると、自分や他人の地位や能力などに関する一切の記憶を持っていない状態になるというものです。これにより、他人に対する嫉妬心や優越感を持たず、自身の利益ばかりを追求するような思考を排除できると考えられます。そして、多くの人が同じ状況で判断を下せるようになるのです。

例えば、全体のわずか1％の人だけにとって、あまりにも有利な決まりであれば、そのごく一部の人に自分が含まれている確率は低いため、当然のように、誰もがよくないと判断するでしょう。

現代社会は多くの利権が絡み、無知のヴェールを被った状態のように、平等な目で政治がなされているとはいえません。もし、記憶のない会議室と同様の状態で政治が行われたなら、どんな社会になるかを話し合ってみるのもよさそうです。

さて、今回の思考実験の案、その1は、「弱きを救済する社会」です。もし、自分が「弱き者だったとしたら？」を考えると、最悪の事態を避けるために、救済しておきたいと考えるでしょう。身体の問題や、老い、生まれた場所など、自分の力ではどうにもならない「弱さ」は多いものです。弱者の救済が徹底される社会であれば、安心感は高いと考えられます。

その2は、「強きを優遇する社会」です。もし、自分が「強き者だったとしたら？」を考えたとき、さらに強くなるためや、またはせっかく頑張って働いたのだから税金が高いのは困ると考えるのであれば、強き者を優遇しておきたいところです。強者は、国際的に戦う力も強く、弱者を救う力も強いはずですから、彼らを支援することで、結果的に社会全体がよくなる可能性もあるでしょう。

この2つの選択肢にそれぞれ欠点があるとすれば、何でしょうか。「弱きを救済する社会」では、やむを得ぬ理由で「弱き」に属する人を救済できる一方で、怠惰な生活を送る人や、自分に甘い選択をする者が増え、自ら「弱き」に属することで、その権利を声高らかに主張する人が問題になるかもしれません。また、「強き」に属しても多くの税金を取られるだけと、働く意欲をそいでしまう可能性も否定できません。

「強きを優遇する社会」では、「強き」に属する者はさらに強くなることができる一方、多くを占めるであろう「弱き」に属する者はなかなか這い上がれない苦労を強いられるでしょう。

特定非営利活動法人オックスファム・ジャパンは、1年間のうちに世界がもたらす富の82%を、たった上位1%の人々が独占していると発表しました。さらに、世界の下位50%の資産総額は、上位42人の資産総額とほぼ同じであるといいます。この発表は2018年のものですから、現在はそこからさらに貧富の格差が広がっているとみてよいでしょう。

もし、あなたが記憶のない会議室にいるとしたら、どちらの案に投票しますか？

アンケート結果

圧倒的な差で「弱きを救済する社会」が支持を得ました。「強き」に属する者は、多額の税を徴収されても高い生活水準を保てますが、「弱き」に属する者は、救済の有無でその生活が大きく変わります。

強きを優遇する社会

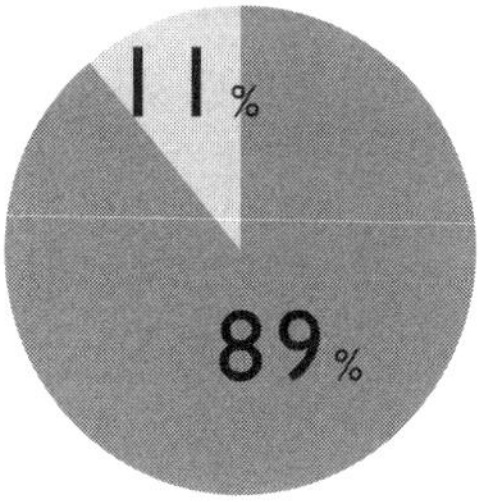

弱きを救済する社会

- 弱肉強食が生き物の根本だと思う。国としては強者を援護して、その上で強者が意識的に弱者を救うサイクルになるのが理想だと思うため。（28歳女性）
- あくまで国単位での決定であることから、まず他国との競争に打ち勝たねばならないと考える。そのためには強者が国を支えなければならない。弱きを救済する社会からは競争力、活力が失われる。（30歳男性）

- 強者は、どのような税制を敷かれたとしても勝ち残ると思う。また、世の中を支えているのは弱者の労働力なので、弱者をないがしろにすると足元から崩れる。（33歳男性）
- 自分が強きに該当する場合でもダメージは少なく、弱きに該当する場合は得になる。（22歳男性）
- どんな世の中でも、収入や地位の高い人から税を徴収し、弱者救済に充てることで公平感が保てるのではないか。（36歳女性）

違う角度から脳を使って、頭をリセット!

思考のリフレッシュ❶

熟語作成パズル

目標時間 各30秒

Q 次の漢字に同じ部首をつけて、熟語を完成させてください。

例題

垂 民 ▸▸▸

例題の答え

睡眠

❶

愛 未

❷

青 京

❸

各 至

❹

田 或

答えはP90へ

2
章

命の選択

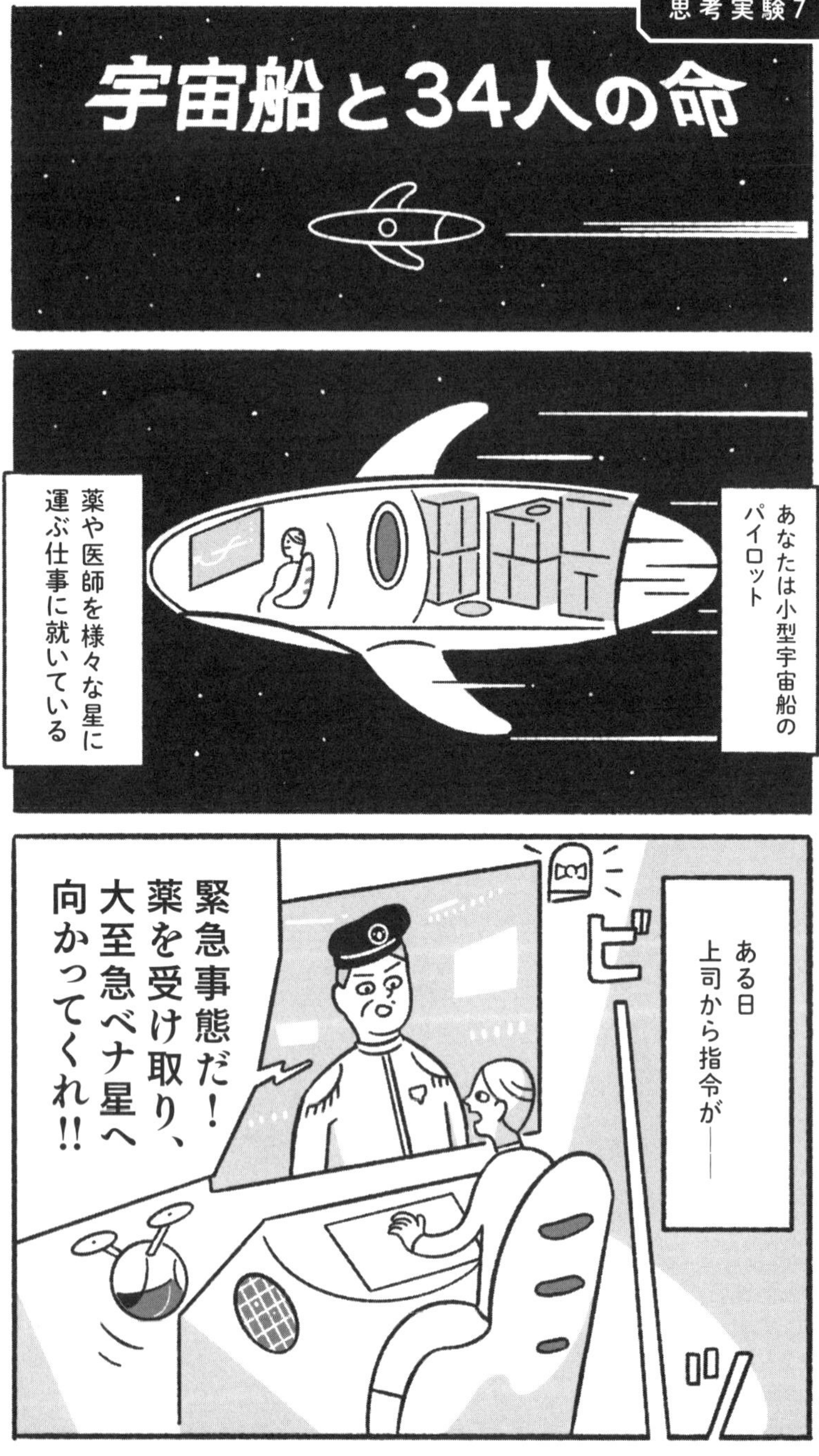
宇宙船と34人の命
あなたは小型宇宙船のパイロット
薬や医師を様々な星に運ぶ仕事に就いている
ある日
上司から指令が――
ビ
緊急事態だ！薬を受け取り、大至急ベナ星へ向かってくれ!!

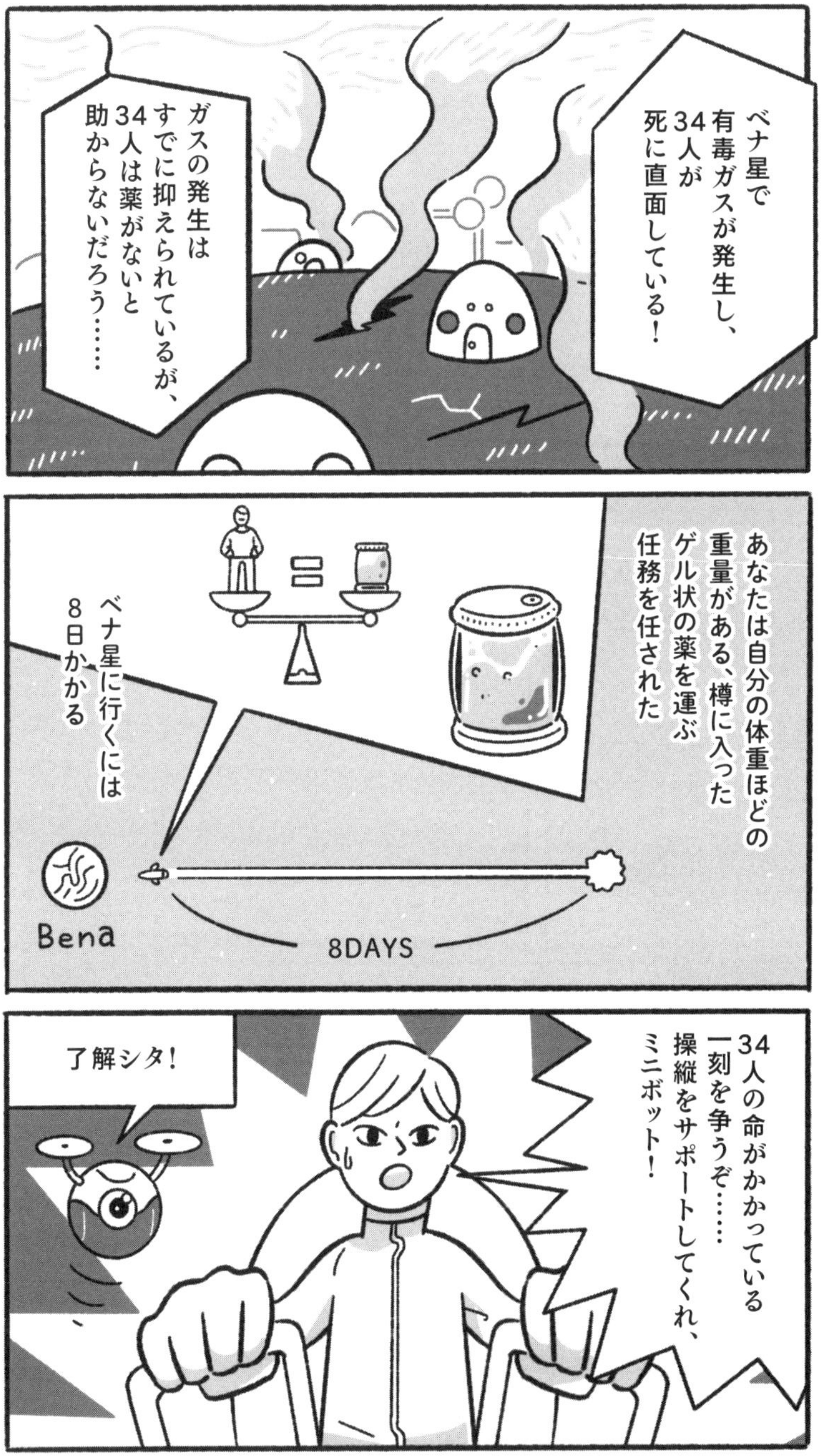
ベナ星で有毒ガスが発生し、34人が死に直面している!
ガスの発生はすでに抑えられているが、34人は薬がないと助からないだろう……
あなたは自分の体重ほどの重量がある、樽に入ったゲル状の薬を運ぶ任務を任された
ベナ星に行くには8日かかる
Bena
8DAYS
34人の命がかかっている一刻を争うぞ……操縦をサポートしてくれ、ミニボット!
了解シタ!

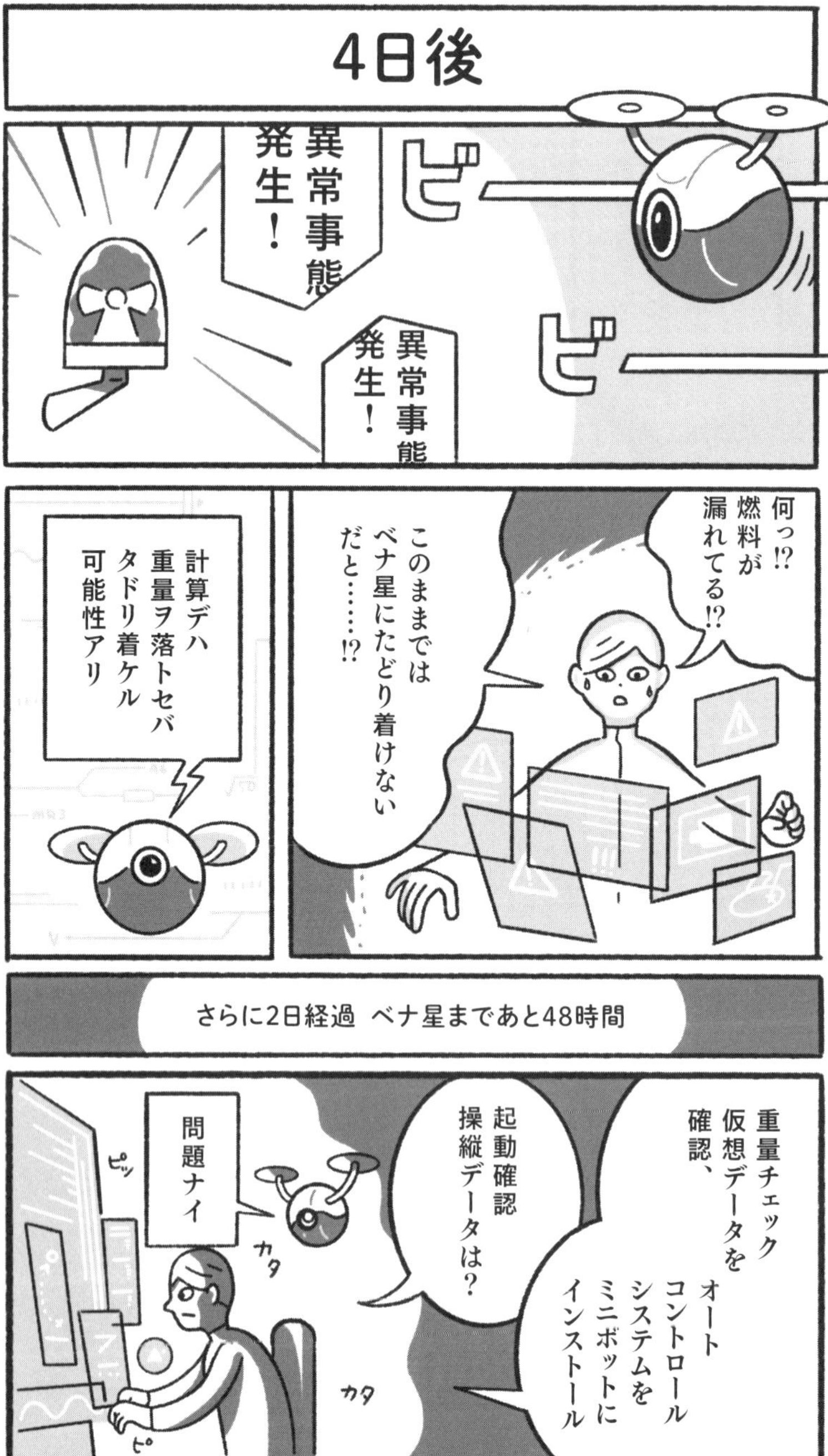
4日後
ビー
ビー
異常事態発生！
異常事態発生！
何っ⁉
燃料が漏れてる⁉
このままではベナ星にたどり着けないだと……⁉
計算デハ重量ヲ落トセバタドリ着ケル可能性アリ
さらに2日経過　ベナ星まであと48時間
重量チェック仮想データを確認、
オートコントロールシステムをミニボットにインストール
起動確認操縦データは？
問題ナイ
ピッ
カタ
カタ
ピ

この選択により、
あなたが社会的に
非難を受けることはない。
なお、帰りの燃料は
ベナ星にあり、
機体の修理もそこでできる。

さぁ、
どうする!?

A

▼自分が宇宙船から
飛び出し犠牲になることで、
薬をベナ星に届ける

B

▼34人分の薬を宇宙船から捨て、
ベナ星に着陸する

解説

選択肢は2つ、「34人分の薬」を宇宙船から捨てるか、「自分自身」が宇宙船から飛び出し犠牲になるかです。人数を比較すると、34人の死か、1人の死かですから、34人のほうが重く感じられます。

しかし、1人のほうは他ならぬ自分ですから、命を捨てるという選択は簡単にできるものではありません。では、この問題は勇気の有無とか、自分可愛さとか、それだけの問題なのでしょうか？

これが、遭難して冷たい海に投げ出されたあなた1人と、1㎞離れた位置にいる34人のどちらかを救助するという話で、あなたに決定権があるとしたら、思考は変わってくるでしょう。それこそ、「自分優先」の思考と戦うことになります。

では、ベナ星で待つ人々はどうでしょうか。34人は今、有毒ガスによって死に近づい

1人の命と34人の命の重さは?

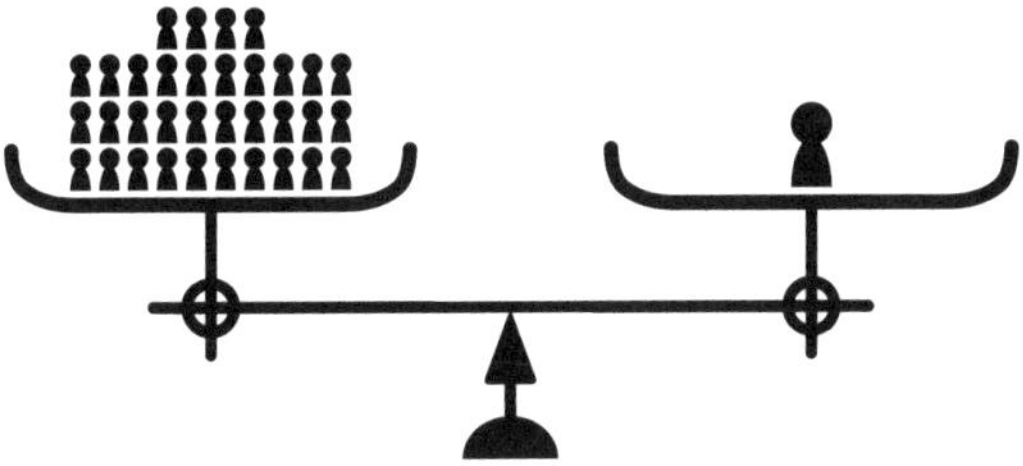

薬を捨てれば34人が死に、
自分が宇宙船から身を投げれば死ぬのは1人。
被害が少なくなる?

ています。何もしなければ、あと数日で死んでしまいます。つまり、あなたが助けるか、助けないかで運命が分かれるのです。

一方で、宇宙船にいるあなたは、自分を犠牲にするか、自分を犠牲にしないかの、どちらかを選ぶことになります。あなたは薬を捨てたとしても、34人を殺すわけではないのです。

もしあなたの前に精霊や神様が現れ、「目の前の人を殺せば、34人の命が救われます。どうしますか?」と問われたら、どう考えますか?「34人を救う」ことより、「人を殺さない」ことを優先する思考は、ある程度あなたの心を支配するはずです。

また、目の前にいる人がうっかり紙袋を落として、中身が散らばったとしても、あなたが必ずしも拾わなければならないわけではありません。し

人数だけなら34人のほうが重いが？

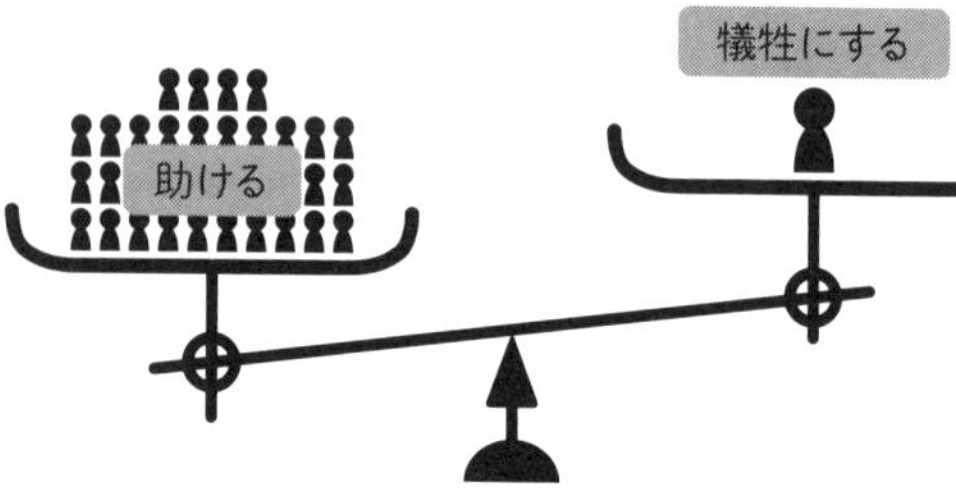

「34人を助ける」ために「自分を犠牲にする」
ほうが正しいのか？

かし、目の前の人が持っている紙袋を叩いて道路に落とす行為は、してはいけないことです。救う義務より、手を出さない義務のほうが大きいと、私たちの心は知っているのです。

この思考実験では、殺す対象に自分が含まれているので、判断が難しくなるのは仕方のないことです。ベナ星に向かう自分を殺さない義務のほうが、34人を助ける義務よりも大きいと考えても、一定の理解は得られるでしょう。これに、「薬を現地に届ける」という、職務としての責任を加えた上で究極の選択をすることになります。

アンケート結果

「34人分の薬を宇宙船から捨て、ベナ星に着陸する」が優勢でした。一方で4割の人が、自分が犠牲になると回答し、34人の命を救うために出発したという責任を重く受け止める意見が見受けられました。

A 自分が宇宙船から飛び出し犠牲になることで、薬をベナ星に届ける

B 34人分の薬を宇宙船から捨て、ベナ星に着陸する

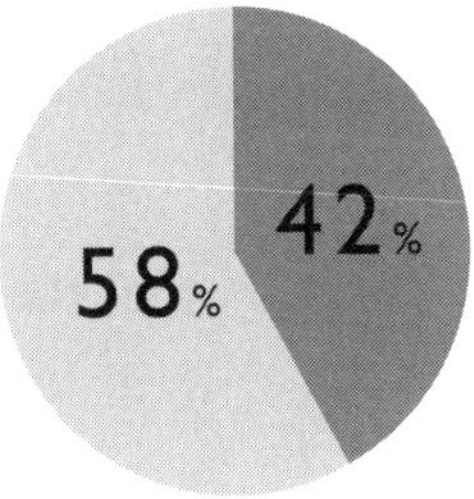

- 自分が請け負った仕事なので、最後まで責任を取るべきだと思ったため。(42歳男性)
- 薬を捨ててベナ星に着陸したら、何をしにきたのかわからなくなるので、自分が犠牲になってでも34人の命を救いたい。(20歳男性)
- 自分1人より、34人の命を助けることに意義がある。(40歳女性)
- 34人を助けるという使命で出発しているから。(64歳男性)

- 非常に迷うが、自分の命を犠牲にする決心がつかなかった。薬を捨てても、不可抗力のため、自分の使命は果たしたことになるから。(45歳男性)
- 自分が犠牲になるにはとても勇気がいることだし、自分にはおそらくできないだろうと思った。社会的に非難を受けないのであれば、自分を守る選択をしてしまう。(44歳女性)
- 自分を犠牲にしてまで、周りを助けようとは思えない。(26歳男性)

思考実験8

寿命換金ボタン

あなたは、ごく平均的な収入がある、貯蓄も平均並みの会社員です。

毎日片道1時間ほどかけて通勤し、40歳でマイホームを購入。その後、30年ほどローンの支払いが続きます。


ある日、あなたの目の前に1人の老人が現れ、こんなことをいいました。


「あなたはこの先13年以上寿命のある方のようですね。

さて、ここに、寿命換金ボタンがあります。

このボタンを押すと、あなたの寿命が10年短くなります。

その代わりに、あなたはこれから働かなくてもよくなりますよ」


どうやらボタンを押すと、ある程度贅沢をしても、働かずに暮らせるだけのお金が、毎月銀行口座に振り込まれるようです。

毎週、少し贅沢な外食はできますし、年に一度くらいは海外旅行を楽しめる程度の金額を手にできるようになります。


この取引は確実に行われることがわかっているとします。

さて、あなたは寿命換金ボタンを押しますか？

究極の選択

A
10年の寿命を換金する

B
寿命を換金しない

解説

これは、働いてお金を稼ぐか、寿命をお金に換えるかの選択を考える思考実験です。

人は、毎日多くの時間を仕事に費やします。朝の準備の時間、通勤時間や仕事中の休憩時間も自由な時間とはいい難いものですから「仕事」に含めるとして、1日12時間を仕事に使っていると仮定しましょう。

すると、**週5日勤務の場合、40年で12万時間程を仕事に費やす計算になります。**ここに睡眠時間は含まれていません。睡眠時間を1日6時間として加算すると、合計で21万時間程になるでしょう。

老人のいう10年をそのまま時間に換算すると、87600時間です。これだけの時間を支払うことで、40年間の仕事がなくなり、時間で考えればお釣りが出るとすると、納得できる数字とも考えられます。もし、仕事を苦痛だと感じている場合は、嬉しい取引となる可能性が十分に高いでしょう。

一方で、寿命を換金すること自体に抵抗を感じるという意見も多くあります。天から授かった命をお金に換えるとなると、あまりよい気持ちはしないかもしれません。そう考えた場合、寿命をお金に換えるという発想自体、ありえないと判断するでしょう。

また、特に日本には、「働かざるもの食うべからず」という心理的な意識傾向が根強くあります。**お金は、働いてこそ得られるべきであるという考え方です。**

この思考が強い場合、寿命を換金することで楽を取り、働かなくてもすむというのはよい状態ではなくなります。罪悪感で悩んだり、後ろめたさを感じたりして、働くのとはまた違った心の負担に襲われてしまうのです。

仕事には働いてお金を得る以外にも、社会との繋がりが最も得やすいという側面があります。人間関係を最も構築しやすい活動が仕事です。

したがって、その仕事をしなくてもいい状態になると、社会的に孤立し、時間を持て余すことになる可能性もあります。そのため、結局仕事をしないという選択をすることはなく、それならば寿命を換金する必要もないというのも1つの意見として考えられます。

人間なら誰しも、1年でも多く生きて、未来を見たいと願うものでしょう。何事も命あってこそと考え、換金を思いとどまるのも自然なことです。しかし、特に長く生きたいとは思わないから、寿命を換金して、幸せに暮らしたいと考えるのもまた理解できます。

あなたは寿命を換金しますか？　それとも換金しませんか？

アンケート結果

「寿命を換金しない」が約7割で、多数派となりました。楽して生きることよりも、苦労があっても、少しでも長く生きたいと考える人が多かったようです。

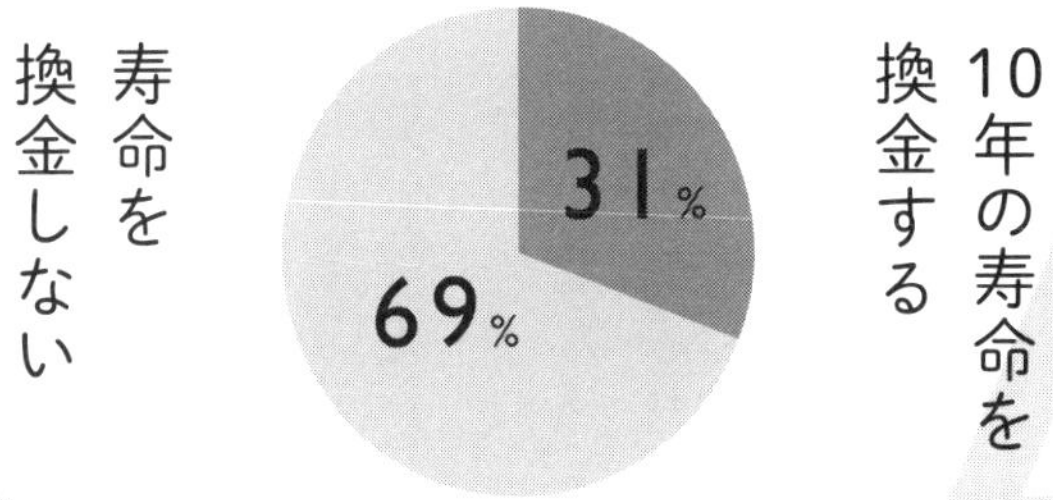

- 不自由しないほどのお金を得ることで、堕落していく人生も考えられるため。（28歳男性）
- 自分の家族と少しでも長く一緒にいたいから。（28歳女性）
- 貧乏でも、働いて長生きしたい。お金がなくとも楽しいことがあるはず。（53歳男性）
- 自分の寿命を差し出してまで、お金を欲しいとは思わないから。（38歳女性）

- 寿命が10年短くなっても、楽して生きていきたい。自由な時間を多く確保できるのなら、それがいい。（58歳男性）
- 後に残せるものが増えるのはよいことだと思うから、寿命を換金し、仕事も続ける。（40歳女性）
- 長生きできる根拠のない自信があるので、10年くらいなら換金する。この先、楽に暮らせるならそれもいいと思う。（40歳男性）

思考実験9

死の病気の予告検査

西暦2250年。ある国では、深刻な病にかかる人が増えていました。

この病は、予防法もなければ、治療法も確立されていません。発病すればほぼ確実に、5年以内に死亡するといわれており、今最も恐れられている病の1つです。末期には痛みをコントロールする治療になり、決して楽な最期というわけにはいかないようです。

この病気は遺伝子の異常によって発症する病で、特殊な検査をすることにより、発病時期や、おおよその余命もわかります。

この時代に暮らすカオルは、7年後にこの病を発症し、10年後に命を落とします。10年あれば治療薬が開発されているのではないかと期待したいところですが、現時点では何もわかっておらず、望みは薄いでしょう。

あなたがカオルなら、特殊な検査でこの事実を知っておきたいと思いますか?

それとも、知りたくないですか?

「たまたま特殊な検査を受ける機会があり、この事実を知ってしまうあなた」と、「特殊な検査を受ける機会もなく、知らずに過ごしているあなた」のどちらがいいかを考えてください。

究極の選択

A
知っておきたいと思う
(検査を受けて知ったほうがいい)

B
知りたいとは思わない
(検査を受ける機会はないほうがいい)

解説

ここで選択を分けるポイントは、どちらにせよ病を知ることになる7年後までに存在する、7年間の人生です。その7年間を、病の事実を知っている状態で過ごすのか、知らない状態で過ごすのかを選択することになります。

知ったことによる恐怖心や無気力、精神的なダメージやネガティブな思考のことを思うと、知らずに普段通り過ごしていたほうが明るく生きられると考えるか。反対に、余命を知ることによって計画的に人生を送ることができる、命や人生を見つめ直すことができるという考えを持つかが、選択を分ける思考実験です。

もし、自分が半年後に死ぬことがわかったとしたら、きっと今から死ぬ準備をするでしょう。残される家族のためにも、死後に恥さらしをしないためにも、誰かに迷惑をかけないためにもと、あれこれとできることをするのではないでしょうか。生きているうちに、処分できる物は処分しておきたいと感じるはずです。

このように、命の終わりがいつかを知るメリットがあるとしたら、「死ぬ準備ができる」という点です。

この思考実験では、7年後に発症、10年後に命を落とすという、随分と先の未来についての告知です。それでも、その10年を悔いなく生きるために、計画的にお金は使ってしまおうとか、行きたかった場所に行っておこうとか、人生を謳歌しようと活動的になることも予想できます。

随分早いと思われる時期から、生前整理を始める人も多くいますし、死を見つめるには10年くらいあったほうが余裕を持って物事をこなせるでしょう。

しかし、10年後に死ぬことがわかるというのは恐ろしいものです。**死と向き合うのは辛い時間になりますし、自分の運命に絶望して無気力になるかもしれません。**

家族や身近な人を巻き込んで、その人たちまで暗い気分にしてしまうこともあるでしょう。事実を知らなければ思いっきり楽しめたことが、全く楽しめなくなることだって容易に想像できます。

もし、知らずにいれば、発症までの7年間は、恐怖や絶望感を受けることはなく、何事もなかったかのように生きていくことができます。その反面、発症後に「○○しておけばよかった」という後悔は残ることになりそうです。もし、「老後に楽しく暮らすために、今はキツいことも頑張ろう」と、楽しみを後回しにして、苦労ばかりしているような7年間だったとしたら、なおさら悔しいでしょう。

ただ、この思考実験では、7年後に発病し、10年後に命を落とすという設定になっているので、病気にかかっていることを知ってから亡くなるまでの間に3年という時間がありますゆ。計画的に生きたり、人生を見つめ直したりする時間は、この3年間でも十分だろうと考える人もいるでしょう。

さて、あなたはこの検査結果を手に入れたいですか?

アンケート結果

「知っておきたいと思う」が多数派となりました。自分の生き方を冷静に見つめる時間を得られ、時間を有効活用できるという理由が多く、残された時間をどう過ごすか考える人が多いことがわかります。

A 知っておきたいと思う（検査を受けて知ったほうがいい）

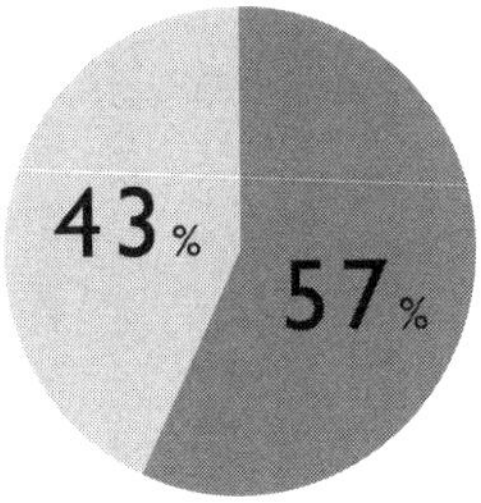

B 知りたいとは思わない（検査を受ける機会はないほうがいい）

- 余命がわかるのなら、残りの人生を好きなように生きようと考え、早くから旅立ちの準備ができると思うから。（74歳女性）
- どうせ発病するならば、早い段階で知っておき、対症療法や日々の過ごし方を見つめ直したい。（30歳男性）
- 1人で生きているわけではないので、周りの人たちにも病気のことを伝えなければならないと思うから。（48歳女性）

- 事前に知ってしまうと無意識に病気のことばかり考えて余生を送ることになり、視野や行動範囲が狭まりそう。（39歳女性）
- もし病気になることがわかったら、その時点で先の人生を楽しめなくなりそう。生きていくことが辛くなると思う。（38歳男性）
- いつ死ぬのかわからないからこそ、人生を楽しめるのであって、死ぬ時期を知ってしまうとその後の人生が面白くなくなる。（62歳男性）

思考実験10

死にたい患者

あなたは、とある国の総合病院の医師です。手の施しようのない、1人の身寄りのない患者が、あなたにこんなことをいいました。

「私はもう治る見込みがないことはわかっています。毎日苦しく、痛みも強く、辛いのです。もう十分です。私は死にたいのです。A薬の投与を希望します」

最近、この患者は、死にたいとばかりいうようになりました。A薬は強力な鎮痛効果が認められるものの、今のこの患者に投与すれば数時間で死んでしまうのは問違いありません。確かに苦しまずに、眠ると同時に死ぬことができるでしょう。しかし、医師であるあなたには、それができるはずもありませんでした。

「残念ながらわが国に安楽死制度はなく、医師には患者を治療し続ける義務があります。あなたの希望といえど、A薬を投与することはできません」

そんなある日、この患者がどこから持ってきたのか、A薬が入った注射器を隠し持っているのを見ました。この国の病院では、次に使用する点滴バッグは患者の部屋に置いておくのが通常で、なんと患者は自身の次の点滴バッグにA薬を入れてしまいました。注射器も見つからないようにうまく捨てたようです。

あと1時間もすれば、何も知らない看護師がこの点滴バッグをセットして、この患者に投与してしまうでしょう。知っているのは、あなただけです。

また、A薬によってこの患者が死んでも、あまりに自然に亡くなるので、病死と判定されます。医師であるあなたには明確にそれがわかっているとします。

この点滴をそのままこの患者に投与しますか？

それとも取り替えますか？

究極の選択

A
取り替えて、本来の点滴にする

B
取り替えず、A薬入りの点滴のままにする

解説

今回の物語の国では、安楽死が許されていません。あなたが患者を安楽死させることは、法律に触れる行為になり、当然できません。例え患者が強く望んでおり、治る見込みのない病であったとしても、仕方のないことです。

しかし、患者が自ら点滴にA薬を入れてしまい、それを看護師が知らずに投与した場合は、あなたや看護師が「安楽死させた」とはいえません。結果的に「安楽死」のようになっただけであり、医療関係者を罪に問うことはできないでしょう。

もし、このまま見逃して、A薬が患者に投与され、患者が死亡した場合、あなた自身は法に触れぬまま、患者の望みを叶えることになります。A薬を自ら持ってきてまで死ぬことを望んだ患者の気持ちは本物で、それほどに生きている状態が辛いのだということが伝わってきます。

しかし、医師として、患者の死に直結する事実を知ってしまったのですから、職務として見過ごすことはできないと考えるのも当然でしょう。

安楽死は大きく3つに分けられます。1つ目は積極的に死を早める行為を行う「積極的安楽死」。今回の思考実験で患者が望んだ安楽死は、主にこれに当たります。現在、日本で禁止されている安楽死はこの「積極的安楽死」です。

2つ目は「間接的安楽死」で、痛みを抑えるために薬を使った結果として、死を早めてしまうような医療行為がこれに該当します。3つ目は、これ以上の苦しみを回避するために、医療行為を控えるもので、延命措置の中止などがこれに含まれます。

ここから、こんな考え方もできるでしょう。この患者は「毎日苦しく、痛みも強く、辛いのです」と訴えており、A薬の「鎮痛剤」としての効果を必要としています。「鎮痛剤」としてA薬を求めているので、これは「積極的安楽死」でなく、痛みを抑える治療を行った結果として死を早めてしまった「間接的安楽死」になるという考え方です。

もし、患者が、死を早めることも理解した上で「痛みが強く辛いから、痛みを抑えるためにA薬を使って欲しい」と医師に頼み、医師が「患者の痛みが強すぎるから、抑えるにはこれしかない」と判断してA薬を投与したとしたら、「積極的安楽死」とは断定できません。ただ、A薬の場合、投与後数時間で死んでしまうので、この行動が問題になってしまうことは間違いありません。もし、あなたが「間接的安楽死」の道を探っているとしたら、患者の行動を見ても、見逃したいと考えるでしょう。

さて、視点を変えて考えてみます。患者は毎日のように死を望んでいますが、命を繋いでいれば、何かいいことがあるかもしれません。物語（P74）にはあとどのくらい命が持つかは書かれていませんから、もしかしたら「死を望む」時期を乗り越えて「もう少し生きたい」と思い直すかもしれません。

もし、「取り替えず、A薬入りの点滴のままにする」を選択した場合、この可能性を遮断してしまうことになります。「医師として、死を早める行為を見逃すことはできない」という、強い意思で患者の行為を止めることは、当然の行動と考えられます。

「自分で投与してあげることはできないから、せめて見なかったことにしよう」「医師として治せないのだから、患者の望みを叶えよう」と、「取り替えず、A薬入りの点滴のままにする」か、「医師として、患者の命を繋ぐ義務がある」「知ってしまった以上、そのままにはできない」と、「取り替えて、本来の点滴にする」か。

あなたの選択はどちらですか？

アンケート結果

「取り替えず、A薬入りの点滴のままにする」が多数派になりました。治せない以上、患者の気持ちを優先させるという意見が、医師としてそれはできないという意見を上回りました。

取り替えず、A薬入りの点滴のままにする

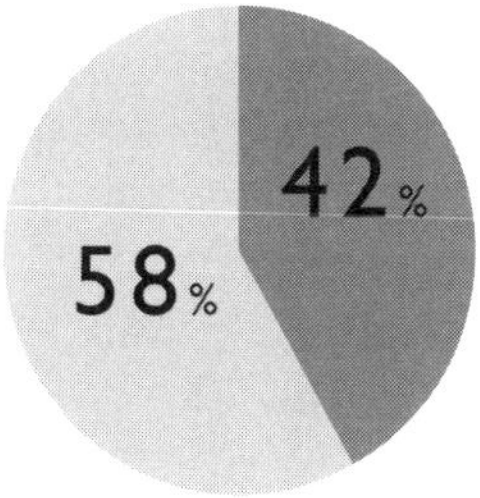

取り替えて、本来の点滴にする

- 死を望む気持ちも、尊重してよいのではないか。この場合、自分がやったことではなく、見過ごすだけなので許されると思う。(67歳男性)
- 本人の望む最期を迎えられるなら、そしてそれが自分自身にとって不利益が起きないものならば、そうしてあげたい。(32歳男性)
- 自分が患者だったら、やはり死を望むと思うから。(51歳女性)

- 医師であるならば、死の点滴を投与することは認められないから。(42歳男性)
- 例えもうすぐ死んでしまう運命であっても、自ら命を絶つ行為はやってはいけないと思う。(54歳女性)
- 罪には問われないとしても、知ってしまった以上、助けないわけにはいかない。(82歳女性)
- 自殺に手を貸すわけにはいかないと思う。(49歳女性)

思考実験11

1枚の舟板

大海原を航海中、船が難破し、ヘンリーは海に投げ出されました。
幸い、水温は低くなく、すぐに体温を奪われることはなさそうです。

ヘンリーは1枚の舟板にしがみつき、何とか体を浮かせていました。舟板は1人を浮かせるだけで精一杯の大きさです。

そこに、同じ船に乗っていたレオナルドが、泳いで近づいてきました。

「きっと、レオナルドもこの舟板にしがみつきたいんだ……！
でも、この板は2人分の重さには耐えられない。どうしよう……！」

ヘンリーは「生き残るにはこれしかない」と考え、近づいてきたレオナルドを突き飛ばし、海に沈めようとしました。しかし、レオナルドも簡単には引き下がりません。

そして、反対に、レオナルドに板を奪われてしまい、ヘンリーは命を落としました。

こうして1枚の舟板を手にしたレオナルドの行為は、許されるでしょうか？

究極の選択

A

許される

B

許されない

解説

これは、「カルネアデスの舟板」の名前で有名な思考実験です。この思考実験は、ヘンリー側の人が板を死守するバージョンと、今回のように、レオナルド側の人が板を奪う2つのバージョンがあります。

古代ギリシアの哲学者であるカルネアデスによるものと伝えられており、「カルネアデスの板」とも表記されます。

この思考実験で問われるのは、板を欲するあまりに相手を突き飛ばし死なせてしまう行為が許されるかという点です。法律の「緊急避難（どちらも失うものが同レベルである場合、正当防衛が成立する）」の例として、よく挙げられる話でもあります。

ここでは、どちらも「命」のために争っており、そこに失うもののレベルの差はありません。

もし、財宝を守るために死なせてしまったのであれば、当然殺人として罪に問われます。しかし、自らの命を守るために、同等の価値と考えられるヘンリーの命をやむを得ず奪う形になってしまったレオナルドの行為は、法律的には「許される」ことになります。

しかしこれは思考実験ですから、法律的に「許される」のだから、これが答えである、と思考を終了させる必要はありません。あなた自身が「許される」と感じるのかを探ってください。

一度法律から離れ、心理的にどう捉えられるかを考えてみましょう。先に板を掴んでいたのはヘンリーです。もし、ヘンリーが板にしがみついていなかったら、レオナルドは板の存在にすら気がつかなかった可能性もあるでしょう。

レオナルドがヘンリーを見つけたときには、ヘンリーは1人しか生かせない板に掴まって助かろうとしていたので、レオナルドはヘンリーの生きる権利を奪ってしまったようにも考えられます。この状態を、ヘンリーが必死に掴んでいた板を後からやってきたレオナルドが奪うなんてひどいと捉えるか、もう1人やってきてしまうなんてヘンリーは本当に運がないと捉えるか、どちらの考え方もありえるでしょう。

しかし、ヘンリーが先に板に掴まっていたのに……と考えた場合、果たして板の所有権は先着順なのでしょうか。そこにも疑問が生まれます。

また、極限の状態なので、板を奪い合った結果、強かった者が生き残るのは仕方がないと考える一方で、これが体格のよい大人と子どもで、子どもが先に板に掴まっていたとしたら、考えは変わってくるかもしれません。結果は100回やっても大人が勝つことになり、この場合、奪い合うという表現は似合わないように感じられます。やはり心のどこかで疑問を感じずにはいられないでしょう。

法律としては「許される」ものでも、心理的にどう処理するかが選択の分かれ目になります。

あなたは、レオナルドの行為は許されると考えますか?

アンケート結果

レオナルドの行為を許されると考える人が、7割強と多数派になりました。自分の命を守るためのやむを得ない行動として、正当防衛との回答が多く見受けられました。

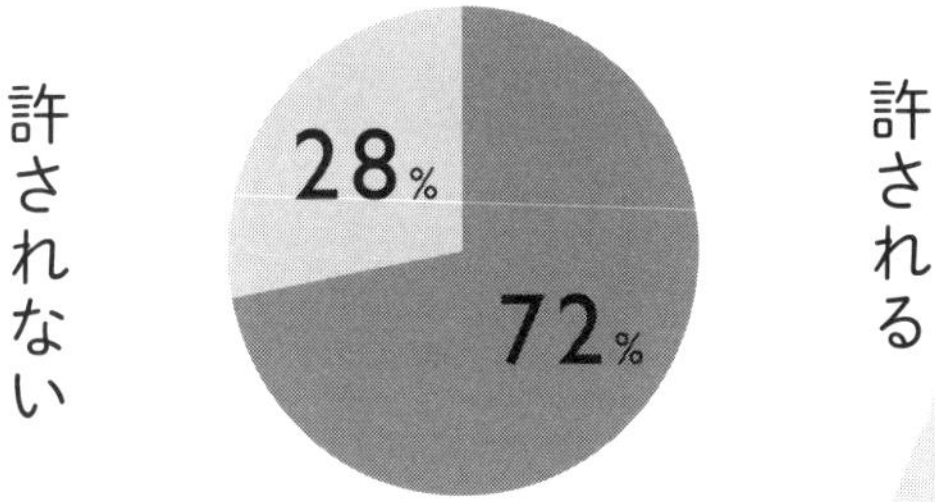

B 許されない

- ヘンリーが最初に振り払ったとはいうものの、反撃して板を奪い取るのはやはり許されないと思う。(69歳男性)
- 悪いとまではいえないが、それで生き延びたほうの人間が、相手を殺した責任を負わないでいいとは思わない。(37歳女性)
- 生きるためには仕方のない行為だったとしても、後からきて板を奪うのは共感できない。(41歳女性)

A 許される

- ヘンリーは自分の命を守るためにレオナルドを突き飛ばした。レオナルドも、自分の命を守るためにヘンリーの板を奪った。お互いに自分の命を守るために取った行動の結果なので、ヘンリーを可哀想とも思わないし、レオナルドを悪いとも思わない。(30歳男性)
- 最初に攻撃してきたのはヘンリーだから。正当防衛。(36歳女性)
- レオナルドは先にヘンリーに殺されそうになったので、特に問題はないと思う。(48歳男性)

思考実験12

永遠の命か、はかない命か

ある日、森の中を歩いていると、突然目の前に〝森の精霊〟を名乗る怪しい生物が現れました。

そして、その生物はいいました。

「『あと50日の命』か、『地球が滅びるまで生き続ける永遠の命』か、どちらかを選択しなさい。

それ以外の選択はできません。選択をするのは今です。

でも安心なさい、そのときになったらすーっと、体の痛みもなく、楽に旅立てるから」

そう告げると、黙ってあなたのほうを見つめ、選択を求めてきます。

どちらを選択しても、そのときがきたら確かに安楽死で旅立てるようです。

永遠の命を選択した場合、体がボロボロになっても生き続けるという状態にはなりません。しっかりと自分の力で不自由なく行動できますから、不老不死という表現のほうが近いと、〝森の精霊〟を名乗る生物は語っています。

あなたは今、体が動かず、逃げようとしても逃げられません。どうやらこれは本当に選ばなければならないようです。

さて、どちらを選択しますか？

究極の選択

A

あと50日の命

B

地球が滅びるまで生き続ける永遠の命

解説

地球が滅びるまで生き続けることを考えると、あまりに長いですし、あと50日という2ヶ月にも満たない日数しか生きられないと思うと、あまりに短いものです。そんな究極の選択を迫られているのが、今回の思考実験です。

現段階で想像が可能なのは、あと50日の命です。地球が滅びるまでの永遠の命の場合、想像が難しく、この思考実験の記述程度では圧倒的に情報が不足しているように感じられるでしょう。

〝森の精霊〟と名乗る生物が「しっかりと自分の力で不自由なく行動できます」といっている点を、「災害に巻き込まれたり、病気になったりして、動けない状態で生き続けることはない」と都合よく解釈すれば、永遠の命に対する恐怖も少しは和らぐかもしれません。

それでも、未来人にとっての自分は、現代人にとっての「旧人類」のような存在になるのかもしれないという疑念は消えないでしょう。今の人類が属する新人類の誕生が数十万年前なのですから、永遠の命から見ると一瞬である可能性だってあるのです。

大昔から、永遠の命は多くの人が追い求める絶対的な力でした。手塚治虫の代表作『火の鳥』では、飲めば永遠の命を得られるとされる不死鳥の血を巡る、様々な時代を舞台にした多数の物語が描かれています。

しかし、多くの人が追い求めるその力を得ても、決して幸せが約束されるわけではなく、不幸な結末を迎えてしまいます。永遠の命が持つイメージは、死を免れるという大いなる魅力と裏腹に、こうした負のイメージも多く、**「大切な人を見送り続けなければいけない」「永遠に死ぬことができない」と、恐怖を抱く人も多いはずです。**

「永遠の命」というテーマは、世界中の研究者たちの挑戦心をかき立てる大きなものです。そして、今脚光を浴びているｉＰＳ細胞や、自身の体にある幹細胞を使った再生医療は、「永遠の命」というテーマにも大きく関わる技術です。

その歩みは日進月歩というより〝秒進分歩〟という速さで、日本でも多くの臨床試験が行われ、成果を上げています。

細胞を修復する力を高めることで寿命を延ばすという、受け入れやすい技術から、他方では、遺伝子の書き換えによって長寿になる方法や、コンピュータに意識をアップロードする方法といった想像が難しい技術まで、様々なアプローチで多くの研究者が不老不死や長寿を目指しています。

それらの技術の中には、すでに実用化をはっきりと描くことができる段階まできているものもあります。私たちは近い将来、老化を病のように捉え、「老化防止の薬、出しておきますね」と、薬で抑え込むようになっていくのかもしれません。

不老不死の魅力と、永遠に生き続ける不安、あと50日という短い命への恐怖などが思考の材料となる今回の思考実験。あまりに極端な2択ですが、あなたはどちらを選択しますか？

アンケート結果

「あと50日の命」が多数派になりました。永遠の命は多くの別れを経験し、人類が滅びても1人だけ生き続けることなどを考えると恐怖が先行しますが、地球の最後を見届けたいという人も多数いました。

地球が滅びるまで生き続ける永遠の命

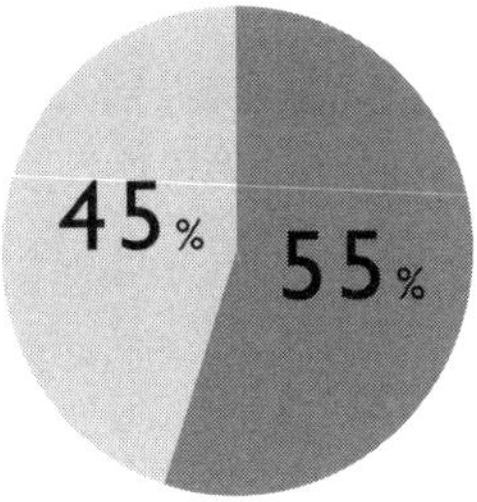

あと50日の命

B

- 地球がどうなっていくか、最後まで見てみたい。（41歳男性）
- 生き続けられるのであれば、やりたいことにどんどん挑戦し、失敗しても挑戦し続けたい。（34歳女性）
- 死ぬのが怖くて、できるだけ長く生きたいから。大切な人たちが先に死んでいくのは辛いけど、まだまだやりたいことが残っているので時間はいくらあっても足りないと思う。（27歳女性）

A

- 死ぬのは怖いけど、死ねないのはもっと怖いから。（52歳女性）
- 永遠の命を手に入れたそのときは、嬉しさがあるとは思う。しかし、生き続けていくと、終わりがこないことを苦痛に感じそう。（45歳男性）
- 地球が滅びるまで生き続けても、好きな人や大切な人が側にいないなら仕方がないから。（23歳女性）
- 余命を知れたほうが、自分のしたいことが明確になる。（61歳男性）

違う角度から
脳を使って、
頭をリセット!

思考のリフレッシュ❷

漢字組み立てパズル

目標時間 各60秒

Q 分解された漢字を組み立てて、熟語を完成させてください。

例題

寸 亻 ⺮ 日 立 ▸▸▸

例題の答え

音符

❶

日 己 立 言 心 忄

❷

艹 木 木 女 世 ⺍

❸

十 彦 十 日 月 頁

❹

木 口 従 扌 口 口 糸

答えはP136へ

P50の答え

①曖昧 ②清涼 ③客室 ④思惑

3
章

近未来の選択

人体転送サービス
次のニュースです
人体を一瞬で移動させる
転送システムを使った
サービスが2ヶ月前から
本格的に始まっており
大手旅行会社による
格安の転送サービスが
話題になっています
へー、便利な時代
になったもんだ
来週の札幌出張に
向けて話だけでも
聞きに
行ってみるか
旅行会社は
安全・快適を
謳っており……
翌日

みなさんどうもこんにちは！本日はトラベルポート社の
安全・快適な転送サービスの説明会へようこそ！
さらにサービスを拡充させていくに伴い
気になってる人結構いるんだな
より多くの方にこのサービスをご利用いただくためこのような説明会を定期的に開催しております！
ではさっそく
説明ＶＴＲをどうぞ！

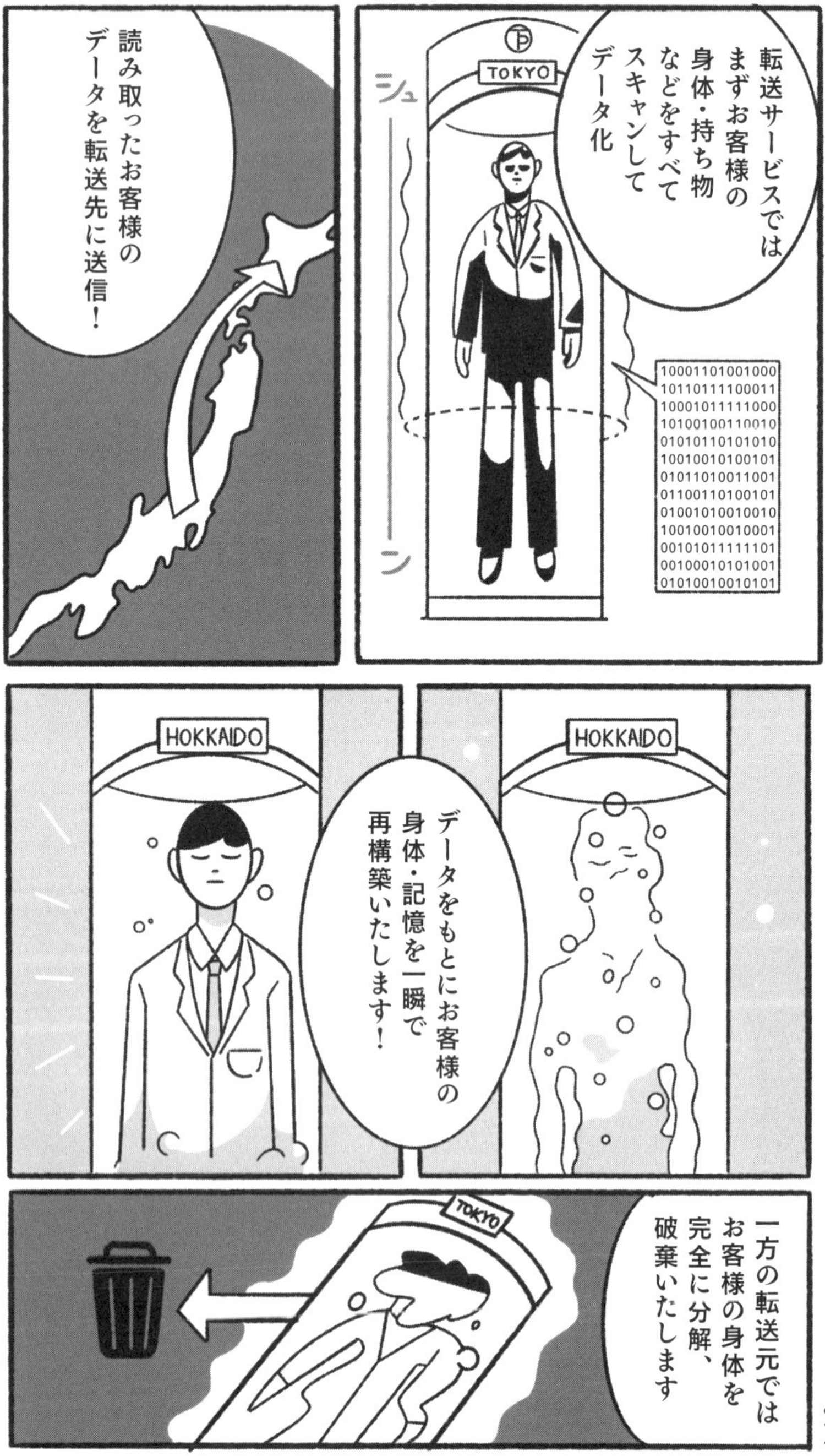

転送サービスではまずお客様の身体・持ち物などをすべてスキャンしてデータ化
TOKYO
シュ――ン
10001101001000
10110111100011
10001011111000
10100100110010
01010110101010
10010010100101
01011010011001
01100110100101
01001010010010
10010010010001
00101011111101
00100010101001
01010010010101
読み取ったお客様のデータを転送先に送信！
HOKKAIDO
HOKKAIDO
データをもとにお客様の身体・記憶を一瞬で再構築いたします！
一方の転送元ではお客様の身体を完全に分解、破棄いたします
TOKYO

HOKKAIDO
転送先でスタッフにチケットを渡していただければ手続きは完了です！
お急ぎでなければ温かい飲み物を提供いたします
お客様の声
痛みも一切なく本当に快適で驚きました！時間も全然かからないし
これで1回2千円だしね毎日利用していて本当に助かってるよ
※個人の感想です
究極の選択
あなたならこの転送サービスを利用するか？
さぁ、どうする!?
A ▼利用する
B ▼利用しない

解説

新幹線が技術の進歩によって、今ではありえない速度を記録できるようになり、東京―札幌間をたったの20分で繋ぐことができるようになったと仮定しましょう。運賃も今よりずっと安くなり、片道2000円です。予約も必要なく、20分に1本の間隔で運行するので、気軽に利用することができます。

あなたが東京にいて、札幌に行きたいとしたら、この新幹線に乗らない理由などどこにもないでしょう。日帰り旅行どころか、ちょっとランチを食べに、わざわざ札幌に行くなんていう人も出てくるかもしれません。

しかし、この思考実験にある「人体転送サービス」の場合は、それほど単純に「利用する」とはいえないのではないでしょうか。新幹線の場合は、どのように自分が札幌まで運ばれるのか想像がつきます。一方で「人体転送サービス」の場合は、「再構築する」とか「分解する」という、未知の言葉が並び、不安が生じるのは当然のことです。

この思考実験で、「利用する」「利用しない」の選択をするとき、最も問題になるのが「データから再構築された自分は、本当の自分なのか?」という疑問でしょう。

転送後、もし、東京に残った自分を分解しなかったとしたら、自分が2人いることになります。その場合、どちらが本物かを考えると、ほとんどの人は「東京の自分」と答えるはずです。なぜなら、札幌の自分は、「今さっきデータから作られた」ものだからです。それを、東京の自分を分解することによって、無理やり本物に仕立て上げているに過ぎないのではないかとも考えられます。

一方で、データから再構築された自分は、東京の自分と全く同じで、細胞の1つの差もないので、その人本人であると考えても何ら問題はないでしょう。小さなシミの1つも、髪の毛1本1本の長さも、過去の記憶も、寸分の違いもないのです。

昨日の本人よりも、データから作られたその人のほうが、転送時の本人によほど近いのです。昨日から今日に進む間、睡眠という記憶の遮断があります。しかし、転送装置の場合、札幌に到着したとき、あなたは「今の一瞬で移動した」と、確かな記憶の連続とともに「札幌に着いた」と確信することができるのです。

もし、ここで再構築された自分が本物の自分であると思ったとしても、「利用しない」

という選択肢が消えたわけではありません。

この転送装置には「恐怖」が付きまといます。転送後、東京に残った自分を分解するとき、どんな苦痛を伴ったとしても、それが札幌の自分には伝わらないのです。

サービスの説明VTRでは利用者が「痛みも一切なく」といっていますが、これはあくまで再構築された札幌にいる利用者の意見です。もし、分解されることなく、どこか遠くの星に転送されていたとしても、分解の苦痛が大きかったとしても、札幌の自分は知ることができません。

確実に痛みもなければ何かに利用されることもないと証明されたとしても、怖さは完全には消えませんし、事故が起きないとも限りません。

リスクや恐怖と便利さのどちらが優位に立つかが、選択の分かれ目になりそうです。

アンケート結果

4人に3人が「利用しない」という結果でした。「利用する」とした人の多くが利便性や時短に価値を見出し、反対に「利用しない」人の多くは恐ろしい、気持ち悪いと、受け入れ難い拒否感を示しました。

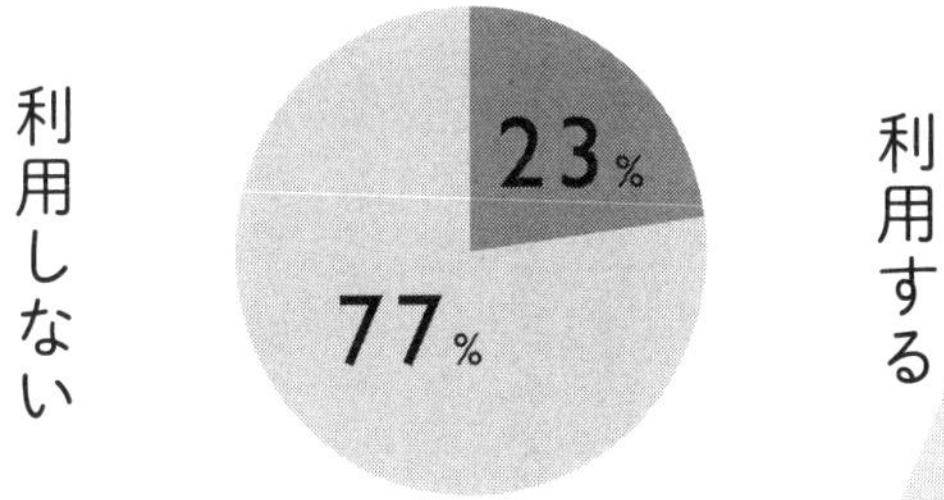

- 便利だとは感じるが、東京側の自分が分解されてしまうということは、自分がいなくなるというふうにも思えて、何だか虚しいから。(21歳女性)
- 転送された先にいるのが、本当に自分なのかわからなくて怖い。(41歳女性)
- サービスが始まって2ヶ月では不安。もう少し様子を見たい。(50歳男性)

- 面白そうだし、特にデメリットは感じない。(43歳男性)
- 東京から札幌に行く費用を考えたら2000円は得だし、とにかく便利そうだから。(32歳女性)
- 何事にもリスクはあるし、サービスが開始されてから問題なく使用できているのならば、使ってみたい。(43歳女性)

思考実験14

5億年ボタン

あなたはある日、こんなアルバイトを紹介されました。

「このボタンを押すだけで、100万円が貰えるアルバイトです」

そのボタンを押すと、何もない空間に飛ばされ、たった1人で5億年を過ごすことになります。その間はお腹もすきませんし、眠くもなりません。常に意識はクリアで、病気になることも、死ぬこともありません。ただ、何もない場所で1人、5億年生きるだけです。

5億年が経つと、その間の記憶がすべて消されて、体も記憶もボタンを押した直後に戻り、100万円を受け取れます。

つまり、ボタンを押したらすぐに100万円が貰えたと感じることになるのです。

あなたはこのボタンを押して、100万円を受け取りますか?

究極の選択

A

5億年ボタンを押す

B

5億年ボタンを押さない

解説

この思考実験は、菅原そうた氏の漫画『みんなのトニオちゃん』（文芸社）に登場するエピソード「アルバイト（BUTTON）」を参考に作られたものです。

みなさんは、5億年と聞いて、どれくらいの時間かを想像できますか？　例えば、100万年前は、現代人どころか、歴史の授業で習ったネアンデルタール人も誕生していません。恐竜が絶滅したのは約6600万年前といわれています。人生を100年と考えた場合、それを500万回繰り返すと5億年になります。このように、どんな例えを使っても想像できないほどの、長い期間だということだけは理解できます。

もし、1年につき1円貰えるとしたなら、5億年過ごせば5億円が貰えます。5年につき1円貰える場合は、5億年で1億円です。

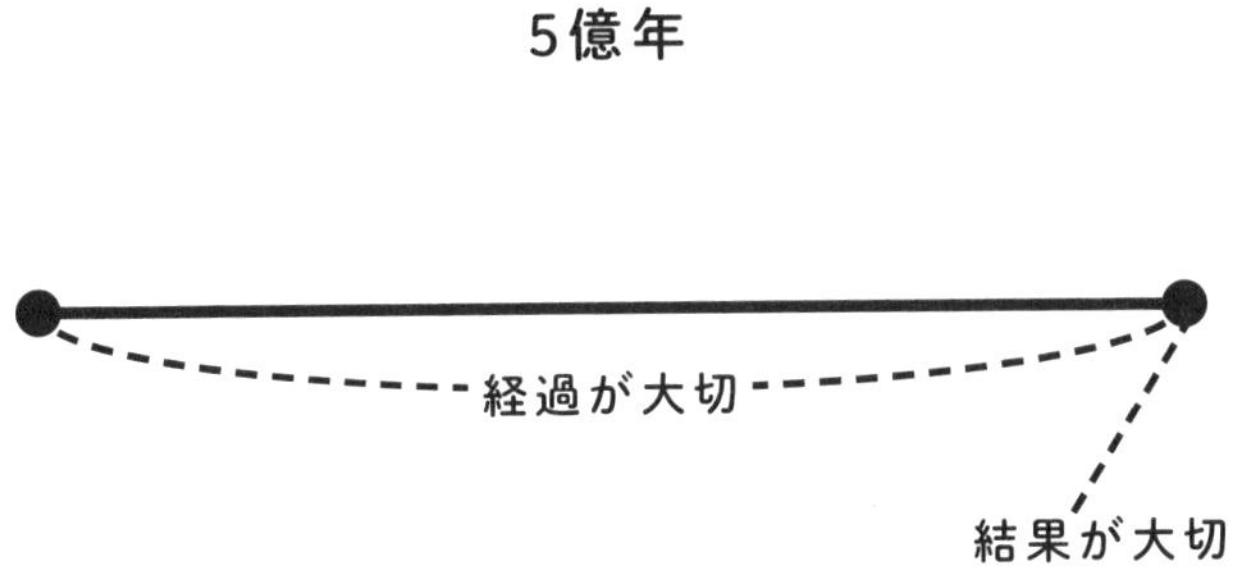

しかし、この「5億年ボタン」のアルバイトでは、5億年過ごして手にできるのはたったの100万円です。これは500年過ごして、ようやく1円を手にできる計算になります。

この金額を、割に合わないと感じるか。それとも、5億年分の記憶は消え、結果としてボタンを押したらすぐに100万円貰えたと感じるのなら、期間は特に気にならないか。

この思考実験について、「5億年を過ごした対価として100万円を受け取る」と捉えるのか、「ボタンを押すという行為に対して100万円を受け取る」と捉えるのかで、選択は変わってきます。

なくなる5億年分の記憶について、「その記憶は確かに存在した5億年のもの」なのか、「記憶がなくなるのだから、元々ないと考えても結果的には同じ」と考えるのか。これは、経過を重視するのか、結果を重視するのかの2択といえます。

おそらく、多くの人は5億年という途方もない時間をたった1人で過ごすことに、恐怖を感じるでしょう。では、「5億年」が「100年」になったとしたらどうでしょうか。

100年は、人の一生としてよく使われる数字です。これなら現実的に考えられるかもしれません。ただ、これでも1年過ごして、たったの1万円しか貰えないという計算になります。

経過を重視する人は、どのくらいの苦痛に対してどのくらいの対価を得ることができるか、という思考をします。一方で、結果を重視する人にとっては、何もない空間で過ごす時間が5億年だろうが、20億年だろうが、100年だろうが、ボタンを押すという「一瞬」に変わりはないと考えるでしょう。「今すぐ100万円を得られる」事実がそこにあるだけです。何もない空間で過ごした期間の記憶はすっかり消えますから、ただ自分の分身を「5億年の世界」に放り込んだだけで、今の自分には何の変化もないとも捉えられます。

アンケート結果

圧倒的に「ボタンを押さない」が多数派になりました。押す人は、「100万円貰える」、押さない人は「5億年過ごすのは無理」と、注目するポイントが違うようです。

5億年ボタンを押さない

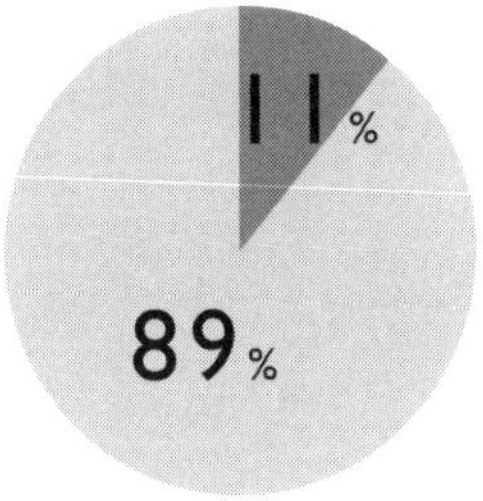

5億年ボタンを押す

- 5億年ただ生きているだけなんて、精神がもたないと思う。(55歳男性)
- 記憶がなくなるとはいえ、5億年過ごすのは怖い。(26歳女性)
- 戻ってきて風景が変わらないのでは面白くない。5億年後の世界を見られるのなら、ボタンを押す。(57歳男性)
- 5億年という途方もない時間を、たったの100万円で過ごすと考えると、損しているとしか感じないから。(24歳女性)

- 単純にお金が欲しいから。5億年はとてつもなく長いと感じるだろうが、最終的にその記憶が消えることが確定しているならボタンを押す。(34歳女性)
- 5億年を1人で過ごすのはきついだろうけど、ボタンを押す前に5億年後に元に戻ることができるとわかっていたら、耐えられると思う。(67歳男性)

思考実験15

自動運転車のジレンマ

自動運転車「HIKARU」が所有者1人を乗せて走っています。

他の車による、やむを得ない事故に巻き込まれ、HIKARUは目の前の通行人1人をはねるか、HIKARU自身を崖下に転落させるしかない状況に陥りました。HIKARU（所有者）にも通行人にも、全く非はありません。

このような事故が起こったとき、あなたがHIKARUの開発者の1人だとしたら、次のどちらを選択するように、あらかじめ設定しておきますか？

・HIKARUが崖下に転落し、所有者1人が死ぬ
・通行人1人をはねて死なせてしまう

なお、この2つ以外の選択肢はないものとします。HIKARUはAIによる自動運転車なので、設定通りに動きます。

また、あなたはHIKARUの所有者とも、通行人とも無関係とします。

究極の選択

A
HIKARUが崖下に転落し、所有者1人が死ぬ

B
通行人1人をはねて死なせてしまう

解説

この思考実験は、近い将来身近になるであろう、自動運転車をテーマにしたものです。自動運転車ができたらぜひ乗ってみたい、と思う人は多いでしょう。一方で、「事故を起こしたら誰が責任を取るのか？」という問題も立ちはだかります。

さらには、この思考実験のように、やむを得ぬ事故の場合、何を優先するかというのも難しい問題です。もし人間なら、とっさに判断することになるでしょう。そして、その判断が正しい、正しくないというより、仕方がない事故として、結果と向き合うことになります。

これがＡＩとなると、話は違ってきます。機械には、恐怖や焦りという感情がないため、自らの持つ機械的な判断基準に基づいて行動します。この判断基準はあらかじめ設定や学習によって決められるので、ＡＩが事故発生時にどういう判断をするかは事前にわかることになるのです。

もし、この思考実験のような状況になったら、通行人を犠牲にするか、ＨＩＫＡＲＵ

を崖下に落とすか……。人間ならば、どんなに考えても、「そのときにならないと、自分がどうするかはわからない」ものでしょう。しかし、自動運転車の場合、そんなことをいってはいられないのです。

この思考実験は、開発者目線の問題なので、車を売ることをメインに考えたなら、「やむを得ぬ事故の場合、歩行者の命を優先に考えます」という製品より、「やむを得ぬ事故の場合、所有者の命を優先に考えます」という製品のほうがクライアントの信頼を得やすく、売りやすいでしょう。車の所有者の安全のために万全を期すのは、開発者として最も大切なことだからです。

しかし、事故が起きたときの責任の所在を考えると、最も事故から遠い存在なのは、間違いなく歩行者です。所有者は車を所有した時点で、事故が起きる可能性も一緒に購入してしまうものです。

しかし、歩行者はその人が車を所有したという事実とは、何の関係もありません。たまたま目の前を歩いていただけなのです。

この思考実験の設定では、ＨＩＫＡＲＵも、所有者も、歩行者も、誰も悪くないというケースですが、加害者になりえない歩行者よりも、ＨＩＫＡＲＵとその所有者に責任があると感じる心情のほうが、自然であるとも考えられます。

自動運転車を始め、ＡＩを使った製品では、ディープラーニングと呼ばれる深層学習が用いられています。膨大な事例を「教師データ」として学び、そのデータをもとに判定する方法です。

例えば、１万人が書く「あ」という文字を事前に学べば、大抵の人の筆跡において、「これは〝あ〟である」と判定できるでしょう。同様に、ＡＩも学習によってこのジレンマに判定を下してしまうのかもしれません。その場合、その判定への責任は開発者にあるといえるのかという、難しい問題へと発展していくでしょう。

あなたが開発者ならどちらを選択しますか？

アンケート結果

開発者ではなく、所有者の立場から考える人が多く見受けられました。自動運転車に関するニュースを目にするようになり、「自分が所有したとしたら?」という想像がしやすかったためであると考えられます。

A HIKARUが崖下に転落し、所有者1人が死ぬ

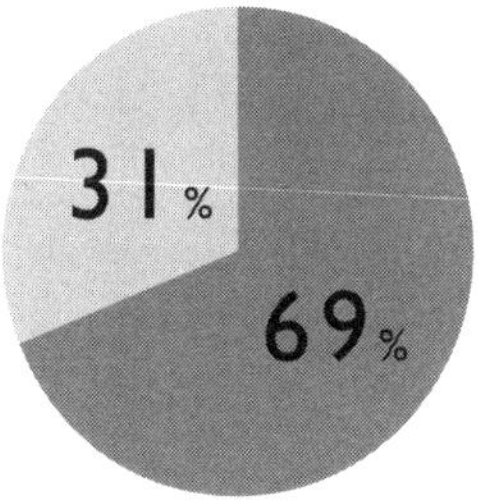

B 通行人1人をはねて死なせてしまう

- どちらにも非がないのならば、所有者の安全を第一に考えるため。(31歳女性)
- 崖下に落下して所有者が死ぬ設定にした場合、車の販売が困難になり、会社の倒産なども考えられる。双方に非が全くないケースなら、やむを得ず通行人をはねる設定にすると思う。(50歳男性)
- クライアントである所有者の命を最優先に設定しないと、おかしな話だと思う。(21歳男性)

- 車を所有している限り、事故に関する責任は自分が負うことになると思う。(46歳女性)
- 設定が、HIKARUが転落し、所有者が死ぬというものになっている場合は、購入時にそこに納得して、購入することになるはず。通行人は無関係。(25歳男性)
- 自分が所有者であった場合、人をはねて死なせて後悔して生きるなら、自分が死んだほうがいいと思うから。(47歳男性)

思考実験16

手術とAI

あなたは生命に関わる重い病気にかかりました。いくつかの病院を回りましたが、どの医師も難しい顔をします。

「手術しなければ、余命は短い」
「手術する場合でも難しい手術になるし、成功率はそれほど高くない」
「珍しい病気なので、そもそも執刀したことのある医師が少ない」

医師たちの話は、聞けば聞くほど、目の前が暗くなるものばかりでした。

大きな病院に入院したあなたは、ここで手術を受けることになりました。症状から見て、これ以上待てないだろうと判断されたのです。
手術に際して、看護師からこんな説明がありました。

「この病院で、あなたと同じ病気の手術を執刀したことのあるサイトウ医師か、あなたの病気もしっかり学習しているAI手術ロボットのツクシか、あなたの執刀医をどちらにするか、選択してください。
サイトウ医師の場合は助手も看護師もすべて人間、

AＩツクシの場合は助手も看護師もすべてAＩが行うことになります」

これ以上の情報は得られないとして、あなたはサイトウ医師と、AＩ手術ロボット・ツクシのどちらに委ねますか？

究極の選択

A サイトウ医師

B AＩ手術ロボット・ツクシ

解説

情報として得られているのは、サイトウ医師は「同じ病気の手術を行ったことがある」ということだけです。その結果がどうであったかは不明です。

一方のＡＩツクシについてわかっているのは、この病気についてしっかりと勉強しているということだけです。ＡＩ手術ロボットとして活動していることから、商品として売り出すレベルの手術の腕前はあると見ていいでしょう。

ただ、難しい手術ですから、いくら勉強していたとしても、データにない「例外」に苦しめられる可能性はあります。**AIツクシの例外への対処力は、人の柔軟性には及ばないと考えたほうがよさそうです。**

１００年後には、多くの手術をＡＩロボットが行っているかもしれません。現在世界で使われているＡＩは、あくまで補助ツールとしての使用で、人の制御の下で動き、責任を負うのは人という段階です。

しかし、だんだんとＡＩツクシのような手術ロボットが「ミスをしない、手振れのない、感情のない」完璧な執刀医として認知され、人気を博すようになる可能性は十分にあります。**感情は人から引き離すことのできないものですし、人は動揺したり、疲れが溜まったりして、信じられないミスをしてしまうこともあります。**

ＡＩロボットに期待される能力は、24時間いかなるときも完璧に、1つのミスもなく手術をやり遂げる、人にはない特性です。学習させる件数が増え、人のほうが優れていると考えられる柔軟性やヒラメキを必要としない段階まで精度を高めることができたなら、執刀医にＡＩロボットを選択する人は急増するでしょう。

今回の思考実験で、サイトウ医師を選択した方に伺います。あなたは、ＡＩツクシがどのレベルに達したら、ＡＩツクシに執刀されてもいいと考えますか？

ＡＩツクシを選択した方は、サイトウ医師が今までに同じ手術を5回執刀し、そのうち3回成功していたとしたら、どうでしょうか。

こんなふうに設定を微調整して考えてみるのも面白いでしょう。

2045年、ＡＩがＡＩを進化させ、人の知能を超えていく「シンギュラリティ（技術的特異点）」が起こると囁かれています。人の知能を超えるとまではいかなくても、

ＡＩの進化は目覚ましく、そう遠くない未来に、ＡＩツクシのようなロボットが各病院に配備される日がやってくるのかもしれません。

もし、どんな不測の事態にも的確に対応する力を持ったＡＩツクシが登場したなら、ミスをしない、手振れのない、感情のない信頼度抜群の執刀医として多くの人を助けることができるはずです。

ただ、そうであっても、やっぱりどこかに人の目があって欲しいと思うのが、普通の感情でしょう。つまり、現段階で想像できる範囲では、ＡＩツクシの未来に「安心」や「癒し」は描けておらず、その穴を埋めるためには「人」が必要なのです。

あなたはＡＩツクシに委ねますか？　それとも、やはり人の手に任せたいですか？

アンケート結果

大差で「サイトウ医師」が支持されました。不測の事態が起こったとき、臨機応変に対応できるのは人間だという意見が多く、決められたことだけを完璧に行うAIでは不安だという声が上がりました。

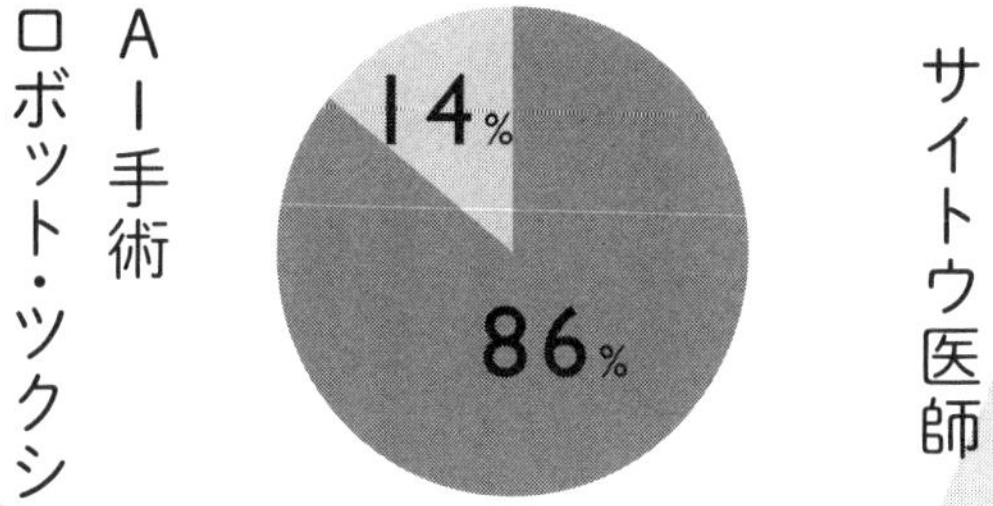

- AIのほうが、すべてにおいて正確だと思う。（34歳男性）
- 助かる可能性が限りなく低いのであれば、今後のAI技術の発展を考えてAIに執刀してもらいたい。もし失敗しても、発展に役立つと割り切れる。（37歳女性）
- 人間は、感情が行動に反映されることがよくも悪くも多いので、感情抜きに手術を遂行できると考えられるAIに任せたい。（55歳女性）

- 万が一手術中に何かあった場合、人間の医師のほうが安心だから。（31歳女性）
- 人とAIのどちらが優れているか自分では判断できないので、今まで通り人にお願いしたい。（36歳男性）
- 知識よりも経験のほうが頼れると思う。（30歳女性）
- AIを完全に信頼することは難しい。（60歳男性）

思考実験17

AIの恋人

ロボット工学の急速な発展により、人間にそっくりなＡＩ搭載のロボットを作ることができるようになりました。見た目も至って普通の人ですし、反応も人そのもの。人間のように成長し、子孫を残すことも可能です。何もかも、人とそっくりです。これをＡＩ人間と呼ぶことにします。

ＡＩ人間が人と違う点は、例えばこんなところです。

クッキーが好きな人がクッキーを食べると、五感で「おいしい」と感じます。よって、反応としては「クッキーを食べる→味がおいしいと感じる→おいしいなぁ！」という流れになるでしょう。

ＡＩ人間の場合は、「クッキーが好き」と設定されているなら、「クッキーを食べる→設定による反応を体に命令→おいしいなぁ！」と機械的に反応を決めます。人の好みが変わるように、ＡＩ人間の設定も日々変化していきます。

その完成度は高く、特殊な検査をしない限り、そこにいるのが人なのかＡＩ人間なのかは、例え何年同居してもわからないほどです。

ある日、あなたは同時に2人から告白されました。

Ａさんは好きなタイプとは異なり、点をつけるなら60点くらいの「人間」です。Ｂ

さんは見た目も性格も、あなたの好みにぴったりの、95点以上の「AI人間」です。

あなたは2人の特殊な検査結果を入手しており、Aさんが人間で、BさんがAI人間であることを知っています。

どちらかと結婚を前提にお付き合いしなければならないとしたら、どちらを選びますか？

究極の選択

A

60点くらいの人間

B

95点以上のAI人間

検査をしない限りＡＩ人間だとわからないほどの性能であれば、それはもう人といってしまっても差し支えないと考えるか。それとも、思考の構造自体が人間と違うＡＩ人間は、恋人として考えられないと感じるかで、意見が分かれる問題です。

解説

ＡＩ人間は、明らかに思考のプロセスが私たち人間と異なります。機械に「心」があるのかという問題は大きなテーマですが、少なくともＡＩ人間は「人間と同じ心」は持っていません。しかし、反応は全く人間と変わらないので、対人の場合と変わらない感情をＡＩ人間からも感じ取ることになるでしょう。

さて、現在はまだ映画やアニメの世界の話であるＡＩ人間ですが、将来私たちの隣に現れる日はくるのでしょうか。

ＡＩはディープラーニング（深層学習）によって急速に発展し、様々なことができるようになってきています。短いやり取りをメールなどの文字で行う分には、ＡＩであると気づかれずにできるレベルには達しています。

しかし、ＡＩはまだ「心」と呼べそうなものは取得しておらず、声やイントネーションの特徴から、すぐに機械であると見抜くことができます。

今後、ＡＩが私たちの心に近い「心」を取得するかどうかは、ＡＩに心は必要なのかという問題も鍵になってくるでしょう。ＡＩが心を持つことで、どのような可能性が出てくるのかを考える必要があります。

心のようなものを取得するなら、そのＡＩは、ＡＩの魅力である「感情のない、的確な、揺らぎのない、高速で行う判断」を失うことになります。

それでも、ＡＩが「心」を持つ利点はたくさんあるはずです。会話できるペットや、アプリ上で動く相談役やカウンセラー……様々な場所で「心」を持ったＡＩは活躍できるでしょう。

今回の思考実験では、人と見分けがつかないほどに進化したＡＩ人間と人間を、恋愛の対象として比べます。検査しない限り人間そのものなのですから、「心のようなもの」は取得しています。機械であるにもかかわらず、ハンバーグと焼き肉のどちらを食べるか迷うこともありますし、過去の記憶を思い出せないということもあります。
しかし、どんなに見分けがつかなくても、構造の違いは明らかですから、性格や外見がどちらも好みであれば、感情的に人間を選ぶ人が圧倒的に多いでしょう。

今回の思考実験のように、好みの度合いを数値化した場合、「60点くらいの人間」と「95点以上のＡＩ人間」ならどうでしょうか。性格の不一致によるすれ違いがより起こりにくく、外見も理想的であるならば、機械であることはさほど問題ではないという考え方もあるでしょう。それでも「人であること」というアイデンティティを求めるのであれば、60点の人間は、95点のＡＩ人間よりはるかに魅力的に違いありません。

あなたは、ＡＩの「心」をどう考えますか？　そして、95点以上のＡＩ人間と、60点くらいの人間ならどちらを選びますか？

アンケート結果

「95点以上のAI人間」がやや優勢という結果となりました。何年同居しても、検査をしない限りAI人間だとわからないのなら、自分好みのAI人間のほうがいいと考える人が多くいたようです。

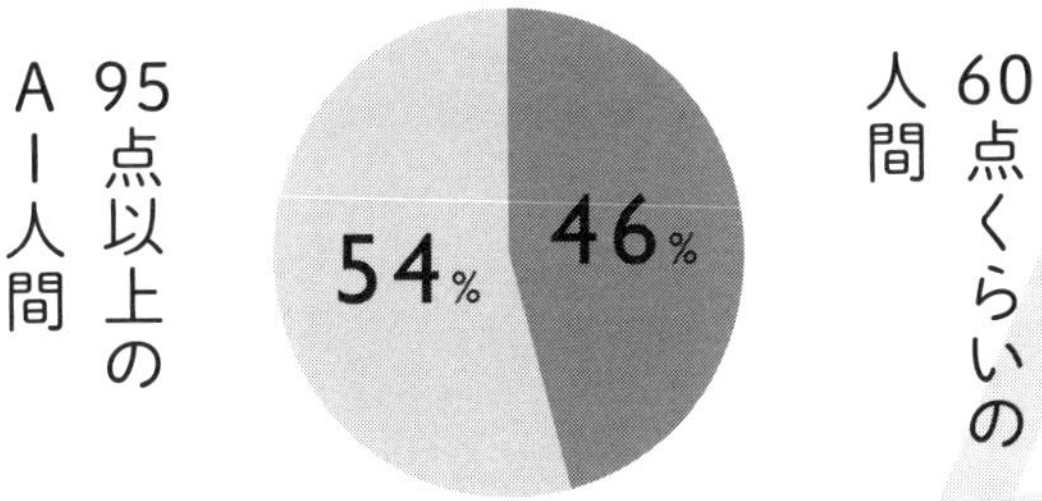

- 人間と違い、その時々の気分でコロコロ態度が変わったりはしないだろうと思うから。いつも一定なのが、AI人間のいいところだと感じた。（20歳女性）
- 同居してもAI人間だとわからないなら、AIも人間も変わらないと思う。（30歳男性）
- 自分が他者を判断できるのは、表面上の行動や言動でしかないから。（39歳男性）

- あくまで機械的な反応しかできないAI人間とは、お付き合いできない。（43歳男性）
- AI人間とずっと一緒にいると、自分で設定を変えたくなりそうだから。（39歳女性）
- どれだけ高性能なAI人間だとしても、本当の人間しか持ち合わせていないものが必ずあると思うのでその点を重要視したいし、血が通っている人間のほうが信じられる気がするから。（53歳女性）

思考実験18

ベストな人生

時は西暦2355年。この時代に生きるあなたは、ある日、こんなCMを目にしました。

「この〝ベストライフ装置〟に身を委ねると、一生目覚めることはありません。
あなたの理想……いえ、それ以上の人生を夢の中で体験し続けることができます。
一度きりの人生、素晴らしいものにしませんか？」

詳しく調べてみると、次のような装置であるとわかりました。

まず、特殊な装置の中に入ります。すると、その人は意識を失い、装置が作り出した夢を見続けます。

自分の体から生み出されるエネルギーで装置を動かし続ける仕様で、現実の世界で衣食を必要としません。つまり、現実の世界では、生産もしないけれど、消費もしないので、誰にも迷惑はかからないということのようです。

〝ベストライフ装置〟による素晴らしい人生は、その人にとっての素晴らしい人生で、生涯夢を見続けることは確実にわかっています。

また、2355年に生きているあなたは、生きづらさを感じており、平凡というには足りないくらいの人生を、つまらないと思いながら歩んでいます。

さて、あなたはこの装置を使用しますか？

究極の選択

A

ベストライフ装置を使用して、装置に身を委ねる

B

使用しないで、つまらないと感じながら現実を生きる

解説

「つまらない」現実を生きるのか、「理想の」夢を生きるのか。主観的にみると、どちらも自分が、自分の意思で人生を歩んでいるように感じます。

ベストライフ装置を利用しても「夢を見ている」とは感じず、ベストライフ装置を使用する前の人生と繋がって、以前と同じように生活を続けている感覚になります。その上で、理想の人生が用意されているのであれば、悩む必要もないように感じられます。

しかし、私たちはそこに抵抗を感じます。**客観的に見て「現実」なのか、「夢」なのかはとても大きな違いで、**つまらなくても、うまくいかなくても、自分の力で未来を切り開きたい、自分の人生は自分のものであり、他人に作られるものではないと思うものだからです。

「夢」ではなく、「現実」であることが何より大切だと考える思考は、私たちの中に少なからず備わっているのではないでしょうか。現実でないと、実際に社会に貢献したり、誰かと関わることができませんし、後世に何かを伝えていくことも不可能です。人として生きていくのであれば、「現実」として他人と繋がりたいという欲求は捨てられないでしょう。

もし、ベストライフ装置の販売員にそれを伝えたなら、「お客様が現実だと思っている今の人生も、夢かもしれませんよ?」というかもしれません。

『胡蝶の夢』という有名な説話があります。紀元前4世紀ごろ、中国の思想家の荘子が、「夢の中で胡蝶となり、ひらひらと飛んでいたところで目が覚めた。私が夢の中で胡蝶になったのか、胡蝶が夢の中で、今、私になっているのか、どちらなのだろうか」と問いかけたというものです。

私たちは経験から現実と夢を識別して、現実を生きているはずです。それでも、この人生自体が長い夢であるという仮説を覆すことは不可能です。『胡蝶の夢』のように、夢の中では自分が胡蝶であると疑わなかったように、今、あなたが現実であると疑わないこの世界も、本当は夢なのかもしれません。あるいは、より進んだ科学か魔法によって作られたシミュレーションの世界なのかもしれません。そんなわけはないと世界中の人が確信しても、それを証明することはできないのです。

もし、今の人生が長い夢なのだと仮定した場合、ベストライフ装置は、夢を乗り換える装置であると捉えることができます。今、私たちが見ているのはすでに夢で、また別の夢に乗り換えるのだと思えたなら、ベストライフ装置に対する意識はもっと気軽なものに変化することになります。

もし、ベストライフ装置が実際に販売されたとしたら、販売員の「お客様が現実だと思っている今の人生も、夢かもしれませんよ?」という言葉は、現実味を持って聞こえてきますね。「もしかしたら、ベストライフ装置を使っている夢の中で、また装置を勧められたのか?」とも思えそうです。

あなたは、このベストライフ装置を使用したいと考えますか?

アンケート結果

ここでは「平凡にも足りない人生」を歩んでいる設定でしたが、それでも装置を使う人は少数派になりました。理想の夢よりも、つまらない現実を生きることに意義を感じるという意見が多く見受けられました。

ベストライフ装置を使用して、装置に身を委ねる

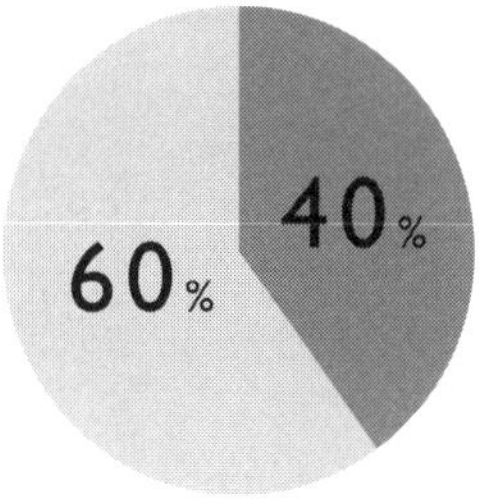

使用しないで、つまらないと感じながら現実を生きる

- つまらない現実を、どうにか楽しいものにしていこうという努力を続けたい。（48歳女性）
- 一生目覚めないのは死んでいるのと同じ。例え現実がつまらないものでも、生きていることのほうが大事。（49歳男性）
- とりあえずの間は、つまらない現実を生きてみる。そのうち面白くなるかもしれないし、本当に辛くなってきたら、装置を使えばいいと思えば気が楽になる。（43歳男性）

- 架空とはいえ、不安なく幸せだけを味わい続けるという選択も、1つの人生の形だと思うから。（36歳男性）
- 現実の人生も振り返ってみれば、夢の中のような人生であり、個人にとってそれが夢か現実かは重要ではないから。（58歳男性）
- 今現在つまらないのであれば、装置に身を委ね、楽しく生きたほうがいいから。（23歳女性）

思考実験19

タイムマシン思考実験

この国では、2年前にタイムマシンが発明されました。

しかし、運用のための点検や費用の関係で、現在のところ、タイムマシンを利用できるのは毎月3人までと決められています。利用者は国が実施する「時の旅人試験」によって選ばれ、選ばれた3人は無償で時間旅行を楽しむことができます。

あなたは毎月3人が選ばれる「時の旅人試験」に見事合格し、時を超えることになりました。当日、あなたは秘密の空間に通されました。

今、目の前にタイムマシンがあります。

あなたは一度だけ、このタイムマシンで過去か未来に時間旅行をすることができます。4〜5時間だけ指定した時間と場所に移動し、その後、この時間のこの場所に戻ってくることになります。

過去と未来、どちらに行きますか？
また、その理由は何ですか？

究極の選択

A
過去に行く

B
未来に行く

解説

過去と未来、どちらに行くかによって、その理由は大きく異なります。過去に行く場合、2つの「過去」があるでしょう。

1つ目は、自分という存在に全く触れない過去です。例えば戦国時代のような、そこに「自分」を感じさせない過去。2つ目として、自分が生きている時代や、自分の親の若き日など、「自分」の存在を感じる過去があります。

自分を感じさせない過去に行きたい場合、「あの歴史の真実を知りたい」「歴史が変わった瞬間をこの目で見たい」といった、知的欲求を満たす目的が大半でしょう。中には「坂本龍馬の暗殺を防ぎたい」など、歴史を変えてみたいと思う人もいるかもしれません。

一方で、過去の自分に関わりたい場合、その動機は、後悔している選択を変えるとか、事故を回避する、病気を早期のうちに伝えるなど、今をよりよくするため、どちらかというとマイナスを消し去りたいという欲求が強いことが多いでしょう。過去は悔やんでも変えられないから、前を向いて進もうと思っているところに、「過去、変更可能ですよ」といわれたとしたら、変えたい過去の1つや2つ、あるものですよね。

それ以外では、亡くなった大切な人にもう一度会いたい、感謝を伝えたいという目的も考えられます。もし、タイムマシンが使える世界になったとしたら、タイムマシンの代表的な使用目的の1つになりそうです。

では、未来の場合はどうでしょうか。過去同様、自分の存在を感じられる未来と、もっと先の未来に分けられます。

自分が存在しない未来に行きたい場合は、「この国の500年後を見てみたい」「人類の終焉を見てみたい」というように、やはり知的欲求を満たすという目的が第一に挙げられます。過去の場合と異なり、「変えてみたい」という理由はなく、代わりにあるとすれば、何かの情報を持って帰りたいというものでしょう。

一方で、自分が存在する未来に行きたい場合、20年後の自分を見て健康状態を確認したいとか、1年後の株価をチェックして大儲けしたいなど、未来の自分をよりよくするという目的が多数考えられます。

つまり、過去のときはマイナスを消す目的があったのに対し、未来の場合は、「より幸福に、より快適に」と、プラスを生み出すほうを主に思考することが多くなります。

これは、「今現在」をゼロとして捉え、それを少しでもよくしようと思案するためであると考えられます。

過去を振り返ると、「あのとき、こうしていれば……」という後悔が多く浮かぶことでしょう。これは、失敗を繰り返さないために、生き抜くための感情が強く記憶されるためと考えられます。未来の場合は、まだ失敗していませんから、やり直したいという思考が生まれることもありません。

もし、本当にタイムマシンができたとしたら、あなたはそれに乗ってみたいですか？

そして、乗れたとしたら、過去と未来、どちらを選びますか？

アンケート結果

拮抗した結果になりました。過去に行きたい人は歴史をこの目で確かめたい、過去の過ちを正したいといった意見が、未来に行きたい人は、稼ぎたい、近未来を見てみたいという意見が多くありました。

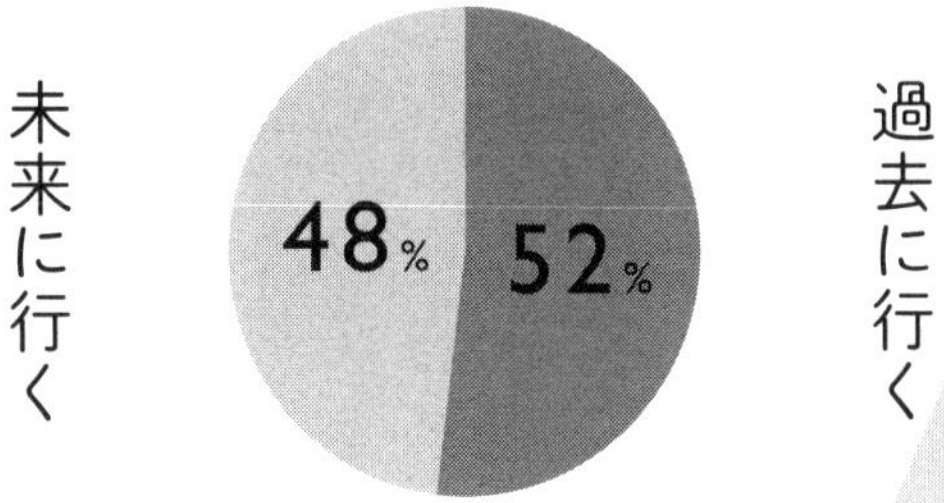

B

- 100年くらい後に行き、世界がどのように変化しているのかを知りたい。（44歳男性）
- 1年後に行って、結果を見てから株式投資等をすることで儲けたい。（21歳男性）
- 2万年くらい後に行きたい。人類が存在しているか気になるし、人類の次の覇権生物も気になるから。（18歳女性）

A

- 190年くらい前に行き、坂本龍馬に会ってみたい。（39歳男性）
- 5年前に行きたい。4年前に亡くなった父に今までの感謝の気持ちを伝えたい。（61歳男性）
- 10年くらい前に戻り、高校での就活をやり直したい。（28歳女性）
- 自分が生まれる数時間前に行き、誕生をどのくらい喜んでくれたのか見たい。（29歳女性）

違う角度から
脳を使って、
頭をリセット!

思考のリフレッシュ❸

四字熟語パズル

目標時間 各90秒

Q 次の16ピースを組み合わせて、四字熟語を完成させてください。

例題

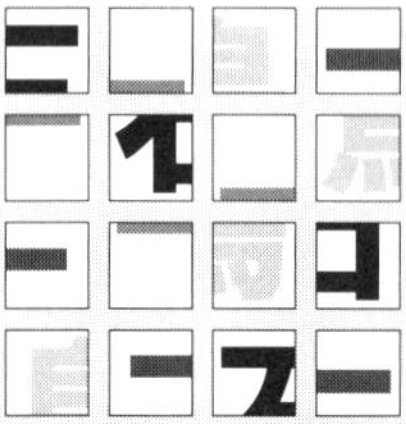

例題の答え

一石二鳥

①

②

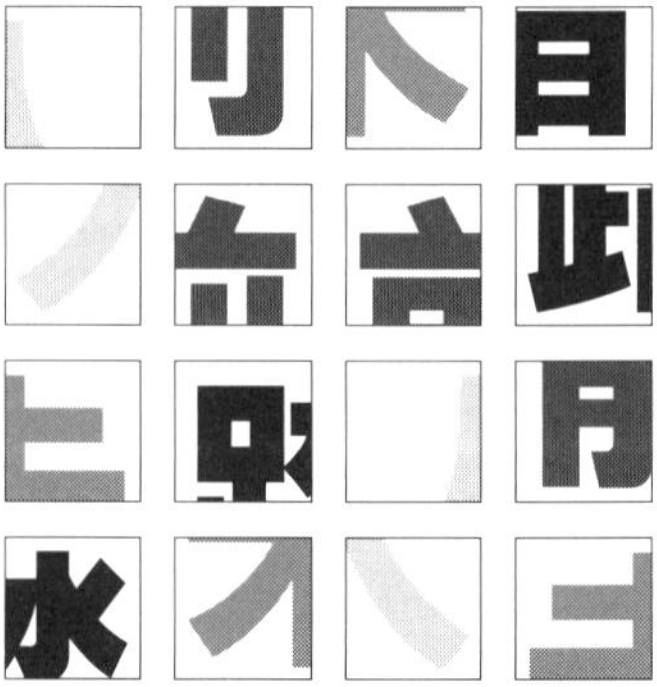

答えはP188へ

P90の答え
①記憶　②葉桜　③朝顔　④操縦

4章

倫理の選択

マサルの寄付
高校生のマサルは夏休みに参加した
ボランティアで見た、
貧しい国の光景が忘れられなかった
う──ん…
大勢の苦しむ人たち
そして
救われない命……
寄付できるほど、
まとまった
お金はない……
マサルは自分の無力さを感じていた

マサルの隣の家は
代々お金持ちの家庭で、
そこの息子たちはというと……
イェ
フゥ
ズン
ズン
大人になっても
働かずに
毎日遊び暮らし、
寄付などの
慈善行為には
全く興味がないようだ
ブロロ
ある日、マサルが
学校から帰ると
すれ違うように
隣の一家が
車で出かけて
行った
ン

ふと車庫を見ると
ポーチのようなものが落ちていた
忘れていったのかな、何だろう
結構大きいポーチだな何が入ってるんだ……?
ん? 紙?
確認してみると、その中にはたくさんのお金が
マサルは数えなかったがそこには76枚もの1万円札が入っていた

こんな無造作に大金が……
後で絶対に返さなきゃな……
はっ
でも、もしこのお金があれば、たくさんの命が救える……
マサルはそこから10万円を抜き取った……
ドクン
ドクン
ドクン
その後
あの、これ落ちていました……
ん？ああ、どうもね～ありがと！
10万円減っていることには全く気づいていないようだ
マサルは10万円全額を、貧しい国で確かな活動をしている団体に寄付した
究極の選択
マサルのこの行動は、許されるか？
法律は無視し、倫理的にどうであるかを考えよ
さぁ、どうする!?
A ▼許される
B ▼許されない

解説

まず、マサルの行動をまとめてみましょう。

・マサルは他人のお金である10万円を、故意に抜き取った
・抜き取ったお金は、1円も残さず確かな団体に寄付した
・マサルは貧しい国の人の命を救いたいと思い、行動した

ここでは法律は無視して考えるので、「犯罪（法に触れること）だから」という理由はひとまず思考から排除します。とはいえ、故意にお金を抜き取る行為は許されるものではありません。

法に触れるからではなく、それ以前に社会の秩序を乱す行為であり、やってはいけないことだからです。この時点で、その後どんな素晴らしい行いをしたとしても、ダメなものはダメであると結論づけることもできるでしょう。

一方で、マサルは抜き取ったお金を全額寄付しており、マサル自身のためには使っていません。さらに、その先にあるものが命に直結することから、「許される」と答える考え方もあります。

例えば、「マサルが今日中に10万円を寄付することができれば、死んでしまうはずの3人の命が確実に助かります」という条件であったとしたら、選択を変える人もいるでしょう。

世界最大のワクチン供給者であるユニセフのウェブサイトによると、3000円で98回のはしかの予防接種ができるそうです。10万円あれば、アフリカに井戸を作ることもできますし、多くの人を救うことに繋がります。

マサルは、「貧しい国の人々を助ける」という素晴らしい行為を、「他人の所持品から抜き取ったお金で寄付」という悪質な行為で行いました。**目的は素晴らしくても、手段が悪いということになります。**

寄付は自らができる範囲で行うものであると、多くの人は認識しているはずです。その視点で見ると、マサルの行為は、自分にできる範疇《はんちゅう》を超えた行為です。

しかし、今日失われる命があることは紛れもない事実です。今回の思考実験は、倫理と現実が天秤にかけられているとも考えられます。

「貧しい国の人々を助ける」という目的のために、「抜き取っても気づかれなかったとはいえ、間違いなく他人のお金」を使うことは許されるのでしょうか。

あなたはマサルの行為が「許される」と思いますか？　それとも、「許されないと思いますか？

アンケート結果

「許されない」が多数派となりました。「許されない」と答えた人の中にも、「見逃してあげたいが」と揺れる心を表現した人が多くいました。

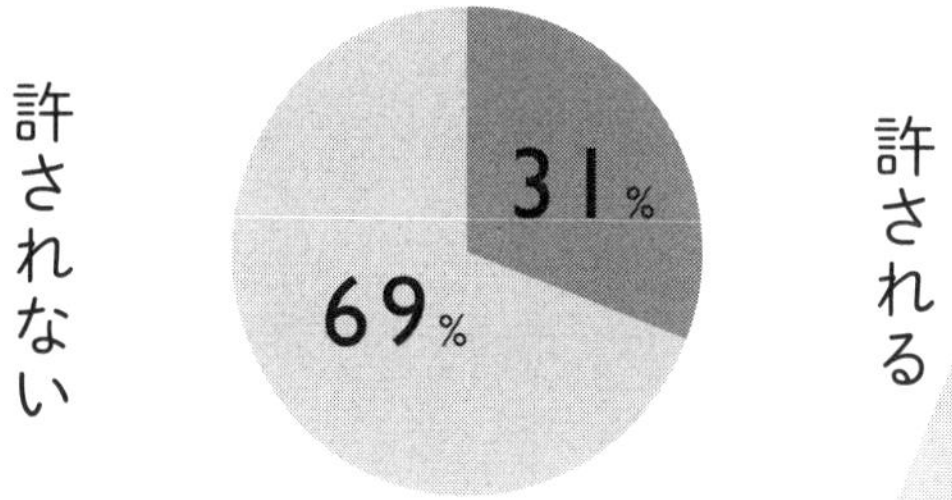

B

- 寄付したいと思うなら、マサルが働いて稼いだお金ですればよい。（33歳女性）
- 盗んだお金で助けてもらっても、相手は喜ばない。自分が寄付をして助けてあげているんだという満足感を得たいがために、人のお金を盗んだとしか思えない。（38歳男性）
- 意図や動機はよいが、自ら募金活動を行う、ボランティア活動を続けていくなど、他にも救う方法はある。（54歳女性）

A

- お金が減っていることに気づかれたら返さないといけないが、そのことに気づかないようであれば、寄付という形を取っているので、マサルの行動はいいことだと思う。（23歳女性）
- 命は尊いものであるから、ポーチに入っていたお金の全額を寄付してもいいと思う。（37歳男性）
- よいことではないが、許されない、と断罪するにはためらうから。（46歳男性）

思考実験21

時限爆弾と拷問

ある街で、1人の男が警察に捕らえられました。

男は、この街のどこかに時限爆弾を仕掛けたというテロリストグループの一員です。このままでは、24時間以内に時限爆弾が爆発し、大勢の死者が出てしまいます。

警察は手を尽くして爆弾が仕掛けられた場所を探しましたが、全く見当がつかない状態です。捕らえた男に対して、直接どんな苦痛を与えても、男は絶対に口を割りません。

しかし、男には事件とは全く無関係であろう愛する息子（幼い子どもではない）が1人おり、警察はすでにこの息子の居場所を把握しています。

この息子を拷問にかけることで、男は時限爆弾を仕掛けた場所を白状する可能性が高いと警察は考えました。

さて、男の1人息子に、拷問すべきでしょうか？

究極の選択

A
拷問すべき

B
拷問すべきではない

解説

この問題で留意すべきなのは、拷問しても正しい情報を得られる可能性が100％ではないという点です。あくまで「息子に拷問を加えれば、この街のどこかに仕掛けたとされる時限爆弾の場所を白状する可能性が高い」だけなので、もしかしたら拷問は全く無駄に終わってしまうかもしれません。

そして、男の息子はおそらく事件とは無関係で、罪のない一般市民を拷問にかけることになるため、市民からの非難は免れないでしょう。息子を拷問した上で、男が口を割らなかったら、何の罪もない男の息子の心身を、ただ傷つけただけに終わってしまいます。

しかし、多くの人が助かる可能性があるのならば、なんでもやってみるべきだとも考えられます。大勢の生死がかかっており、テロリストの息子を拷問にかけるといっても、この息子を殺害するわけではありません。

そして、もし男が正しい場所を白状したなら、多くの人が助かるのです。人の命は何にも代えられないものですから、これをしない手はないと考えることもできます。

ここで、違う視点から考えてみたいと思います。あなたは、とある事件の容疑者を知っているテロリストグループの1人と勘違いされて捕らえられ、拷問を受けていると仮定します。容疑者の名前を何人か口にしながら、警察は拷問を続けています。

「誰がやったのか白状しろ！　山田か⁉　森下か⁉　それとも全く別の人物か⁉」

「知りません。私はテロリストグループとは関係ありません！」

「嘘だ。こちらには確実な情報があるのだ！」

長時間にわたって心身を傷つけられますが、あなたは本当に何も知りません。

このとき、あなたは「自分が助かること」を第一に考えた場合、どうしますか？　おそらく、早くこの拷問を終わらせるためには「相手が欲しい情報」を与えればいいのだと考えるでしょう。

この状況で本当のことをいっても、警察は納得しません。**拷問から逃れるためには、「嘘でもいいから相手がいって欲しいこと」が求められていると理解できるはずです。**

警察はあなたがテロリストグループの一員だと思い込んでいるので、ここを説得する道はありません。いくら自分はテロリストグループと無関係だと訴えても、拷問が続くだけです。それなら、「山田が犯人です！」とでもいって、拷問を止めさせるしかありません。

もちろん、世界的に拷問は禁止されています。それだけ、拷問から得られる情報は信ぴょう性がないと考えられているからです。つまり、拷問が非人道的だからというより、その取り調べ方法に意味がないからという理由が大きいでしょう。

この思考実験の場合、主に考えるべき点は、情報を100%聞き出せるかどうかが不透明なまま、関係のない息子を拷問すべきかという点にあります。

24時間あれば、市民を安全な場所に移動させることもできると考えたいところですが、本文に「大勢の死者が出てしまいます」と書かれているので、避難誘導をしても間に合わないか、避難の混乱で死者が出ると考えるしかありません。

あなたは、男の息子を拷問すべきだと思いますか？　それともすべきではないと思いますか？

アンケート結果

意見は大きく分かれ、「拷問すべきではない」という声が多数派となりました。「拷問」はしてはならない行為と捉え、関係のない息子を巻き込むことに否定的な意見が目立ちました。

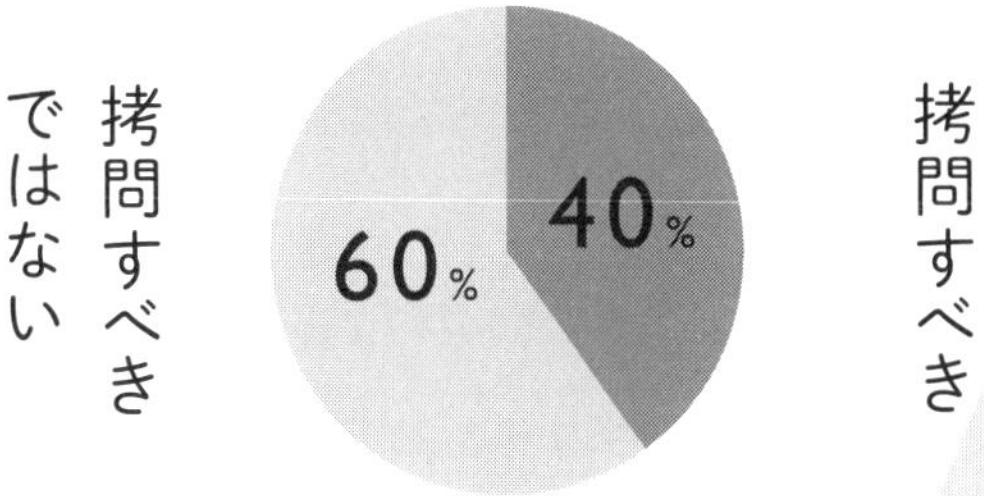

B

- 父親がやったことであり、息子には関係ない話。拷問をすることで息子は傷つき、人間としての尊厳を失うから、絶対にしてはならない。（48歳男性）
- 関係のない息子を拷問することで、適当に答えられて、結果的に爆弾の場所から遠ざかる可能性もあるから。（43歳女性）
- 男の子どもを新たなるテロリストにしないためにも、拷問はしてはならない。（60歳男性）

A

- 大勢の死者が出る事態では、1人息子の拷問は止むを得ない。どのような拷問かわからないが、1人息子は拷問で殺される事態にはならない。（73歳男性）
- 息子には何の罪もないが、息子を拷問にかければ罪のない大勢の命が助かる。犯人には、大切なものが目の前で、自分のせいで傷つき犠牲になる悲しみを味わうという制裁を与えるべきだ。（36歳女性）

思考実験22

自動販売機の100円玉

あなたは自動販売機の前にいます。

150円のオレンジジュースを買うために、1000円札を入れました。オレンジジュースのボタンを押すと、ガランと音がして、ジュースとお釣りが出てきました。

お釣りを財布にしまう前に確認すると、硬貨が6枚……。金額を数えると950円ありました。

1000円札を入れて150円のジュースを買ったのですから、お釣りは850円であるはずです。きっと自分の前にこの自動販売機を使った人が、お釣りの返却口に100円玉を残してしまったのだろうと考えました。

あたりを見回しても、自分の前に自動販売機を使ったような人はいません。この自動販売機はいずれかの店の敷地内にあるわけでもなさそうです。

さて、この100円をどうしますか?

究極の選択

A

そのまま財布に入れ、使用する

B

お釣りの返却口に戻すか、交番に届ける

解説

そこに店があり、この自動販売機がその店のものであると考えられるのならば、店員に「100円玉が残っていたみたいです」と、100円玉を渡してその場を立ち去る人も一定数いるでしょう。後の判断を店に任せられる点からも、楽な選択肢の1つですし、これなら罪悪感もありません。

今回、この理由から、店の代わりになる選択肢を選ぶとしたら、「自動販売機のお釣りの返却口に戻す」になるでしょう。これは、次の人に判断を託す選択といえます。考えるのも億劫だとか、自分の物にしたくはないといった場合に、選びやすい選択肢です。

また、どこかに届け出るとしたら、交番しかありません。ただ、100円玉という小額の場合、交番に届けるのも煩わしいと躊躇する人が多いのも事実です。

もちろん、拾ったお金は交番に届けるのが正しいことで、社会のルールとしては、当然そうすべきではあります。

ただ、100円のために、わざわざ労力をかけて交番で手続きをしても、落とし主が現れないことは容易に想像できます。100円玉をそのまま財布に入れても、「自動販売機に残されていた100円を自分のものにした罪で逮捕する！」なんていう事態になることはないでしょう。

100円を交番に届けるか否かは、見晴らしがよく、車がほとんど通らない、小道の信号にも似ています。赤信号でも、車が通らなければ渡るという人は多いでしょう。「見晴らしがよく、車がほとんど通らない、小道の赤信号を渡りますか？」という問いがあったら、人が見ていたら渡らないとか、安全を確認して渡ってしまうという選択肢が票を集めるのではないでしょうか。しかし、信号無視は明らかな法律違反です。

自転車で右折、左折をするときに、手信号をするという決まりとなると、そもそも知らないという人が多いでしょう。知っている人が少ないのですから、守っている人もまた少ないルールです。また、知ってはいるが、誰もやっていないのに自分だけやるのは、なんとなく恥ずかしいというのもあるかもしれません。

100円玉を交番に届けるのも、赤信号を渡らないのも、自転車の手信号も、決められたルールであり、「守るべきもの」です。その上で、私たちの感情として、100円玉を交番に届ける手間、周囲の人が赤信号を渡る中、自分だけ信号が変わるまで待ち続けるときの気まずさ、自転車に乗っていて手信号をしてふらついたら……という不安などがあり、社会のルールとして決められた法律のバランスが少し悪いのか、なかなか難しい判断になってしまっています。

今回は、設定が自動販売機であり、お釣りの返却口に残っているお金は100円です。そして、「あたりを見回しても、自分の前に自動販売機を使ったような人はいない」のであれば、お釣りを取り忘れた人が戻ってくる可能性は低いでしょう。

ルールがあり、それが正しいことは承知の上であっても、線引きの難しい自己判断が必要になる場面は、この思考実験以外にも多いものです。

たかが100円、されど100円。あなたは、自動販売機のお釣りが100円多かったら、どうしますか？

アンケート結果

「100円程度なら……」という意見が多く、100円という設定が、「そのまま財布に入れ、使用する」と答える人の数を押し上げました。

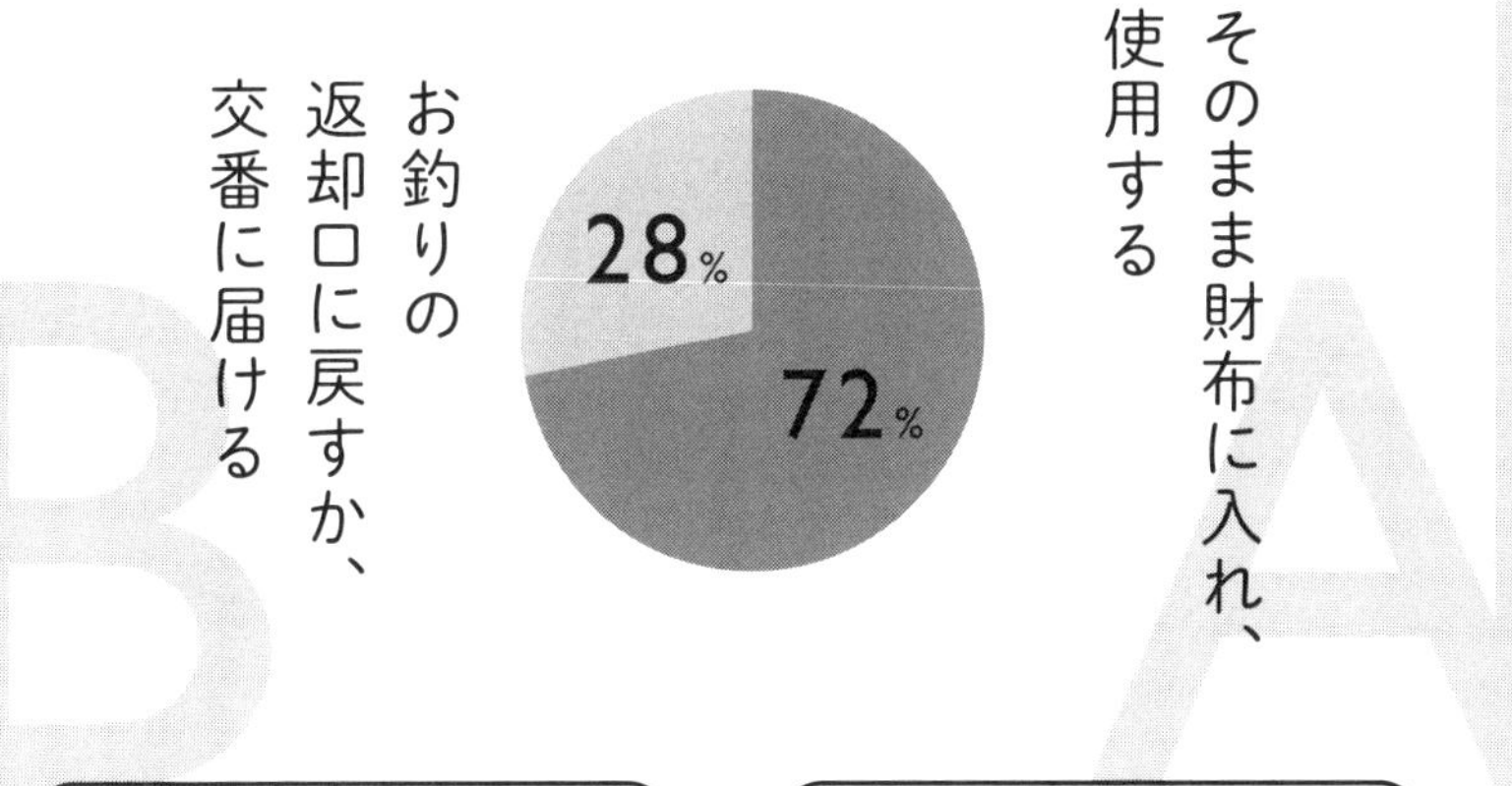

- 本来ならば、交番に届けるのがいいと思うが、「100円ぐらいいいか」と考えるのは私だけではないと思う。（41歳男性）
- 100円程度であれば自分も過去に取り忘れがあっただろうし、知らない者同士のお互い様ということでそのまま頂くと思う。（45歳女性）
- 「ラッキーだな～」と思って終わりなので、財布に入れる。（18歳女性）

- 落ちているお金は例え1円玉であっても、交番に届けるように教わり、またそのようにしてきたから。（40歳女性）
- 本当は自分のものにしてしまいたいけれど、気が咎めるので元へ戻す。あるいは「次の人、どうぞ」という気持ちで置く。（36歳女性）
- テレビのドッキリ番組とか、誰かがそういう実験をしている可能性があるため、自分のものにはしない。（49歳男性）

思考実験23

整形した恋人

あなたには恋人がいます。

ある日、その恋人があなたに整形の事実を告白してきました。

恋人に打ち明けられた事実は、次のどちらのほうがよいですか？

「顔を整形しています」

「性格（記憶）を整形しています」

1つは、どうしても自分の顔が気に入らず、目と鼻と顎を整形した恋人。

もう1つは、性格は記憶から作られることを知り、開発された最新技術で、記憶をなるべく実生活に関係しない部分で、いくつか削除や追加、変更を行い、直したかった歪んだ性格を整形した恋人。記憶の書き換えを行う最新技術は高性能かつ安全で、法律的にも問題ないものとします。

整形後の仕上がりは、どちらの場合も全く同じとしてください。

つまり、顔を整形してその人になったのか、性格を整形してその人になったのかの違いです。

さて、あなたは恋人からされるなら、どちらの告白のほうがよいですか？

究極の選択

A
「顔を整形しています」

B
「性格（記憶）を整形しています」

解説

「顔を整形しています」の場合、整形前と性格は変化していません。「性格（記憶）を整形しています」の場合、整形前と顔は変化していません。整形後の仕上がりは全く同じとあるので、どちらを整形して、今、目の前にいる恋人になったのかが違います。

顔の整形は馴染みがありますが、性格の整形は未知の世界で、この部分をどう捉えるかで選択が変化するでしょう。

性格の整形というのは、記憶を操作することになるので、その時点で別人になるような感覚を抱くかもしれません。人間性を作り、その人がその人らしく、その人自身であるのは、その人の記憶があるからです。

私たちは自分が何者であるかを考えるとき、過去の記憶をたどって理解しようとするはずです。記憶というものは、その人を形成する人生そのものだと考えられます。しかし、記憶には困った一面があります。それは、自分の記憶なのに、頻繁に間違いが含まれていることです。

例えば、3年前の誕生日会のことを話題にしたとき、あなたは「いとこの○○がいた」とはっきりと記憶しているのに、あなた以外の家族は「○○はいなかった」といい、そのときに撮った集合写真を見ると確かに○○はいなかったことがわかる。こういった記憶違いは、比較的起こりやすいのです。

曖昧なものであれば書き換えてもさほど気にならないと考えるか、曖昧なものだからこそ、書き換えて性格を変えるとなるとさらに記憶が混乱して、信じられなくなってしまうと考えるか、思考が分かれるポイントの1つです。

今回の性格の整形は、「実生活に関係しない部分で、いくつか削除や追加、変更」を行うので、「その人が何者であるか」を変えてしまう心配はないと考えていいでしょう。

性格はもともと変化するものです。海外での異文化経験や、たった1人の人との出会い、突然の幸運や不幸などが大きなきっかけとなり、短時間で性格に比較的大きな変化が起きることもあります。

一方の顔は、怪我などがない限り、大きく変化することはありません。もちろん、年齢とともに成長して変化しますが、それは性格についても同じことでしょう。

ここから、「変化しやすいものだから、記憶を変更することで、うまく変化を誘導してあげるだけ」と考えることもできますし、「変化させられるのだから、努力して自分の力で変化させるべき」と考えることもできます。

あなたは、目の前の恋人から、「顔を整形しています」と告白されたほうがいいですか？「性格（記憶）を整形しています」のほうがいいですか？

アンケート結果

僅差ですが、「顔を整形しています」が「性格（記憶）を整形しています」を上回りました。この思考実験は、圧倒的に、消去法で選択した人が多かったという特徴がありました。

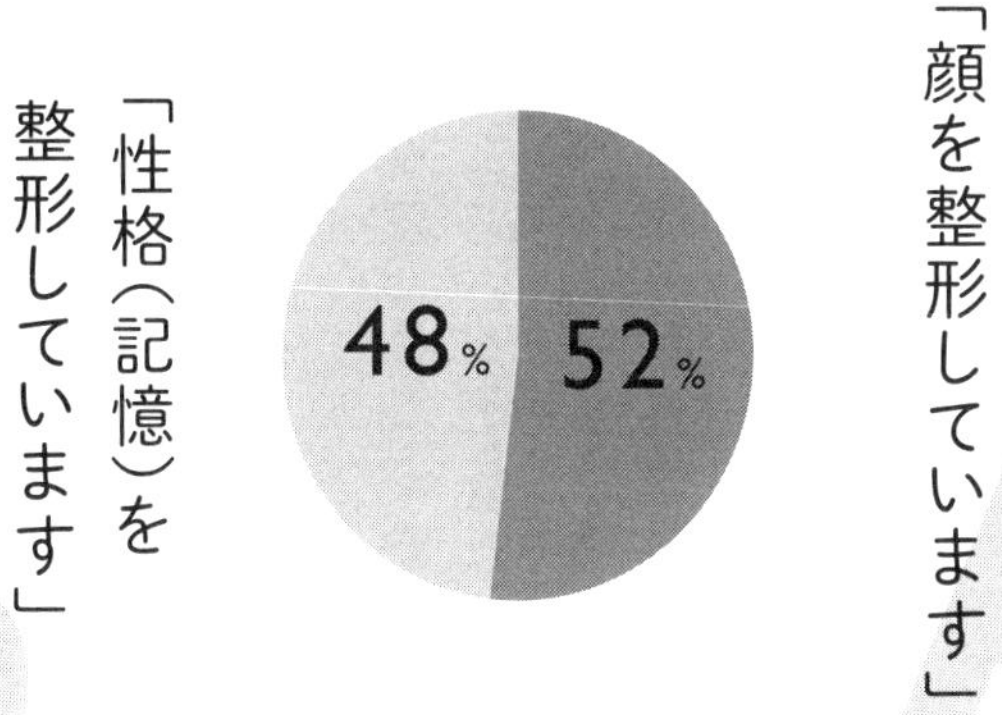

- 性格を整形されていたら、元の性格の恋人は愛せない気がする。（26歳女性）
- 性格についてのコンプレックスは理解できたとしても、自分で努力しない解決方法には共感できない。（49歳女性）
- 例え性格の整形によって、性格がよくなるにしても、記憶を人為的に書き換えるということ自体が歪んだ行為のように思える。（58歳男性）

- 見た目を変えてしまうのには抵抗があるが、性格は見えない部分なので比較的、抵抗がない。（34歳女性）
- どちらの整形でも構わないが、恋人の過去の性格は気にならない。（31歳男性）
- 歪んだ性格を直し、人に優しくあろうとする姿勢が好ましく見える から。（42歳男性）

思考実験24

天から得た金メダル

あなたは今、20歳です。

突然、天から不思議な生物が降り立ち、あなたに力を授けたいといってきました。

その力を得れば、体力と運動感覚、スポーツに必要な記憶が一瞬で身につきます。

あなたはあなたが選んだ競技で、オリンピックで金メダルを取れる実力を手にすることができるのです。

この力は確実に得られ、不思議な生物は誰にもその事実を告げません。あなたは実際にオリンピックで失敗することなく金メダルを獲得できるとします。

また、あなたのオリンピック出場によって、出場の機会を奪われる選手はいません。

ただし、力を得た場合は、オリンピックでの金メダル獲得に挑戦する必要があります。

力は実際に得られるものなので、突然元に戻ってしまうということはありません。

力を得る以外の変更点はないようです。

さて、不思議な生物から力を得たいと思いますか？

究極の選択

A
力を得たい

B
力を得たくない

解説

思考実験の設定から、「力を得る以外の変更点はない」と明記されていますので、「不思議な生物」を疑う必要はありません。確実にオリンピックで金メダルを取ることができます。

オリンピックでの金メダルに興味がないという人も多くいますが、例えばマラソンでの金メダルであれば、持久力、脚力が身につくと置き換えることもできます。実際にマラソンに関する知識も身につきますから、仕事にも直結させることが可能な経験となります。競技によっては、世界中の大会に出場し、多くの賞金を稼ぐこともできます。

もし、自分の今の人生に物足りなさを感じているなら、全く別の人生を手に入れることができるのは大きな魅力です。何もマイナス点がないまま、単にそれを得ることができるのですから、断る理由もないように考えられます。

しかし、人の心はそれほど簡単なものではありません。

この力は、不思議な生物から与えられたものであって、自らの努力によって得るものではありません。それを卑怯だとか、ずるいと思う気持ちも付きまとうでしょう。ただ、たまたま「不思議な生物から力を得る」というチャンスを掴んだだけなのですから、何も悪いことをしたわけではありません。

しかし、金メダルを取るということは、出場の機会を奪われる選手がいないとはいえ、本来金メダルを取るはずの選手は銀メダルに、銅メダルを取るはずだった選手はメダルを逃すことになります。これを、「本来ならそれぞれのメダルを取ることができたはずの選手たちに申し訳ない」と考えるか、「不思議な生物が自分を選んだのだから」と、自分の金メダルに納得できるかが、思考の分岐点の1つになります。

力を得て、オリンピックで金メダルを取った後、この事実が公になったとしたら何と説明しますか？　これを考えることで、あなたが「不思議な生物から与えられた力」をどう捉えているかが見えてくるはずです。

「与えていただいた力を存分に発揮しました」なのか、「努力してきた選手たちには申し訳ないことをした」なのか、説明している自分の表情はどうか、と想像してみてください。

もし、申し訳ないという気持ちが先行するようなら、不思議な力を否定的な力として感じていることになります。もちろん、そうであっても、この思考実験ではどのようにして力を得たのかは誰にも知られませんし、不思議な生物は他でもないあなたを選んだのです。

今回はオリンピックでの金メダルを題材にしましたが、「スポーツに興味はない」という方は、これを「芥川賞や直木賞」や、「どのオーディションでも勝ち抜けるルックス」「音楽の最高峰のコンクールで優勝」「好きな部門でノーベル賞を獲得」などに置き換えてみてください。

天から与えられた能力をどう考えるか、あなた自身の考えが見えてくると思います。

アンケート結果

「力を得たい」「力を得たくない」共に、半々の支持を得る結果となりました。不思議な生物からの力を、人生を変える絶好のチャンスと考える意見が多く見られました。

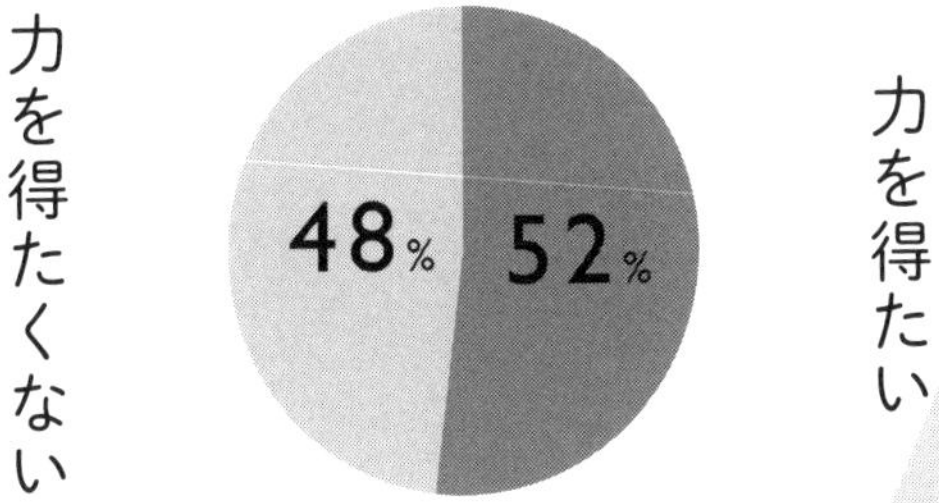

B

- そもそもオリンピックに出たいと思わないから。(57歳女性)
- これがスポーツの能力でなく、文才だったら欲しいと思う。芥川賞だったら取りたい。(38歳女性)
- 努力して手に入れた金メダルだからこそ、自分にとって価値があると思う。(50歳女性)
- それで金メダルを得たとしても、結果的に虚しくなることがわかっているから。(42歳男性)

A

- 誰も損をしない、自分だけが得られる力なのであれば、誰しもが手に入れたいと思う。(41歳男性)
- 今現在の自分とは全く違う人生を送るチャンスが手に入るなら、不思議な生物でも頼ってしまう。(46歳男性)
- 天から授けられた力であっても、自分に降りてきた力だから。他の実力の形と違っても、それも実力の1つだと思う。(61歳男性)

思考実験25

囚人のジレンマ

とある国で、Aさんは、共犯者のBさんとともに警察に捕らえられました。AさんとBさんは別々の部屋に連れていかれ、意思疎通はできません。

警察は2人に同時に次のような取引を持ちかけました。

「Aさん、もし、あなたが罪について自白し、Bさんが黙秘したなら、あなたを釈放してあげますよ。そして、Bさんは懲役8年です。

反対に、あなたが黙秘して、Bさんが自白したなら、あなたは懲役8年で、Bさんは釈放です。

捜査に協力していただいた方を釈放するということです」

「では、2人とも黙秘した場合は？」

「もし、2人とも黙秘したなら、2人とも懲役2年です。

そして、2人とも自白すれば、2人とも懲役5年です。

さあ、自白しますか？」

2人は顔見知り程度の関係で、さほど親しいわけでもありません。

Aさんは、「Bさんにも全く同様の取引が持ちかけられている」と捜査員から聞かされています。一方のBさんも捜査員から、「Aさんも全く同様の取引を持ちかけられている」と聞かされています。
また、取引通りの刑が執行されることは確実とわかっています。

あなたがAさんなら、どうしますか？

究極の選択

A
自白する
（Bさんが自白なら懲役5年、黙秘なら釈放）

B
黙秘する
（Bさんも黙秘なら懲役2年、自白なら懲役8年）

解説

条件を見ると、2人にとって最もよい結果になるのは、双方が黙秘することです。それはAさんもBさんも理解していることになります。

しかし、だからといってAさんが黙秘を選択できるかと考えると、そんなに簡単な話ではありません。

Aさんが最も懸念しているのは、「自分が黙秘をしたのに、Bが自白してしまったらどうしよう」ということであり、結果として自分だけが懲役8年になることを恐れています。自分が懲役8年の刑に服している間、Bさんは自由の身になるのです。これは精神的にも堪えるでしょう。

Aさんにとって黙秘は、Bさんも黙秘をする場合以外にはありえない選択肢なのです。そして、Bさんが黙秘と自白のどちらを選択するかを、Aさんが知るすべはありません。

次に、Aさんが自白をするケースを考えてみましょう。この場合、Aさんは、「もし、Bが黙秘をしてくれれば、自分は釈放される！」という最高の結果に望みを繋ぐことができます。さらにAさんは、「Bが自白してしまったとしても、懲役8年という最悪の結果は避けられる上に、Bだけ釈放されてしまうこともない」と考えるでしょう。

この一連の思考は、Bさんにも当てはまります。Bさんも同じように自分だけが刑に処されることを恐れ、できることなら釈放されたいと考えています。すると、2人の選択肢はおのずと「自白」に絞られていくのです。

2人にとって、双方が懲役5年となる「2人が自白する」よりも、双方が懲役2年となる「2人が黙秘する」ほうが確実にいいはずなのに、それぞれが考えて出した結論は自白となってしまいました。この思考は次のように考えると当たり前の思考に思えてきます。

Bさんが黙秘した場合、Aさんは黙秘より自白したほうが得になります。Bさんが自白した場合を考えても、Aさんは黙秘より自白したほうが減刑されることがわかります。つまり、Aさんの目線で考えれば、Bさんが黙秘した場合も、自白した場合も、「自分は自白したほうがいい」と結論づけられるのです。

ただ、論理的にこうであっても、感情として「お互いに懲役2年ですむ」ことが最もいいことであると、お互いに思っているはずです。自白することで、黙秘していたBさんを懲役8年に追い込んでしまったとしたら？と、相手のことも考えるのが人というものです。しかし、同様に自分が懲役8年に追い込まれてしまう可能性もあるのですから、慎重にならざるを得ないでしょう。

今回の思考実験は、「自白する」が論理的に導き出された1つの正解ですが、感情的には揺れ動き、これが正しいという結論は出せない問題です。

アンケート結果

自白が圧倒的に多数派という結果となりました。自白を選択した中でも、その理由は「取引として、自分が有利になるから」と、「罪を犯したら自白すべき」の2つに大きく分かれました。

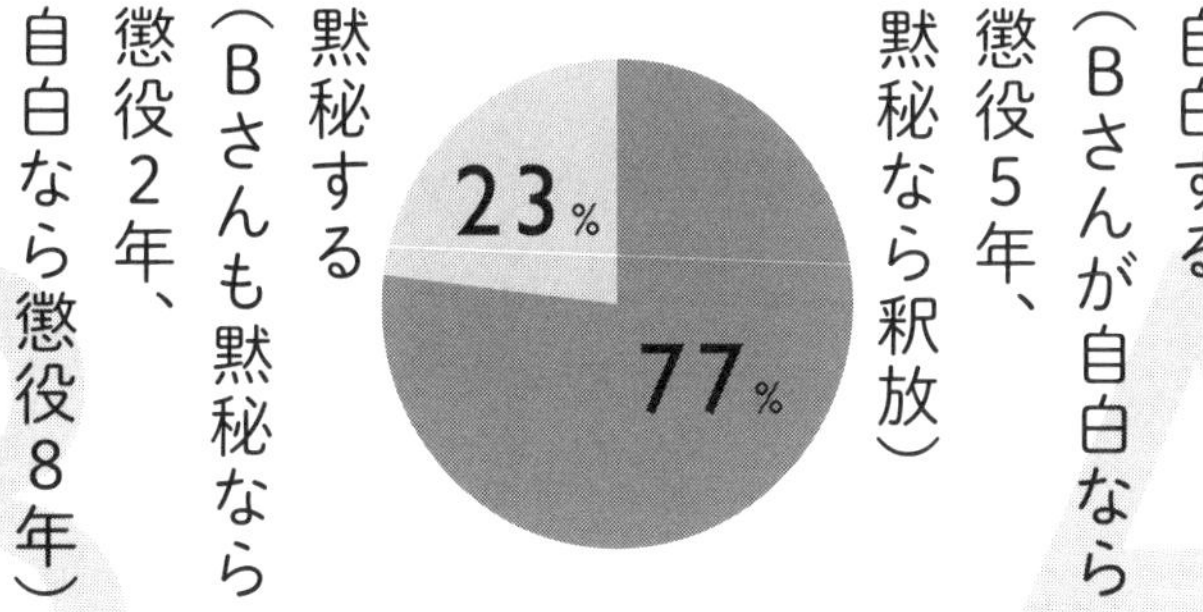

- 相手も悩むだろうが、黙秘して最悪の懲役8年になるくらいならば、後味が悪くとも自白して釈放に賭ける。（62歳男性）
- 懲役期間の問題ではなく、悪いことをしたら自白すべき。（37歳女性）
- 罪を自白したほうが、精神的に楽になるから。（44歳男性）
- Bさんとさほど親しくないならば信用できないし、自白して自分が有利になるほうを選ぶ。（38歳男性）

- 自白することが共犯者の懲役を左右するなら、黙秘する。自分の行いで、他人の一生を左右することに責任を感じるから。（41歳女性）
- 罪を犯した上に誰かを売るのは嫌なので、黙秘する。それで、相手も黙秘して罪が軽くなったら儲けもの。（36歳男性）
- 少しでも自分の罪を軽くしたいと思うなら、どちらも黙秘がいいと考え、Bさんも黙秘をする確率のほうが高いと思うから。（51歳女性）

思考実験26

愛するか、愛されるか

あなたは結婚し、パートナーがいます。

ある日、森の中を歩いていると、魔女のような老婆が現れ、あなたにボタンがついた器具を渡しました。左側に黄色、右側に紫色のボタンがあります。

「黄色のボタンを押すと、パートナーが浮気をしなくなる。

つまり、君以外を愛することができなくなる。

紫色のボタンを押すと、君が浮気できなくなる。パートナー以外を愛せなくなる。

さあ、どちらかのボタンを押しなさい。ボタンは、どちらか片方しか押せないよ」

黄色か紫色か、どちらかのボタンを今、押さなければならないようです。押さないという選択肢はありません。

魔女のような老婆のいっていることは、正しいと強く感じています。

さて、あなたはどちらのボタンを押しますか？

究極の
選択

A
黄色のボタンを押し、
パートナーが自分以外を愛せなくなる

B
紫色のボタンを押し、
自分がパートナー以外を愛せなくなる

解説

この思考実験では、ボタンを押したことにより、次のどちらかが起こります。

・自分が浮気できなくなる
・パートナーが浮気できなくなる

どちらかが浮気をすることで、夫婦間の感情に確実な変化が起こります。その結果として、時に別居であったり、時に離婚であったりと、悪い方向に事が進んでいくことも少なくありません。

今回の黄色のボタンと、紫色のボタンは、そんな浮気の心配を、それぞれ片方だけ完全になくすことができるボタンです。そして、あなたはどちらかのボタンだけ押さなければいけません。

いくら近しい人であっても、他人の心は見えないものです。もし、黄色のボタンを押し、相手の心が自分に向いていると確信できるようになるなら、自分さえ浮気しなければ、夫婦円満です。「自分が浮気しない自信がある」場合や「相手の心が離れてしまったらどうしようと、常に不安がある」場合には、選びやすいボタンでしょう。「パートナーが自分以外を愛せなくなる」のですから、黄色のボタンは特に自分に優位性の高い、魅力的なボタンであると考えられます。

一方で、黄色のボタンを押すという行為は、自分が相手の心をコントロールする一手であると解釈できます。紫色のボタンであれば、自分の心に干渉しますが、黄色のボタンは相手の心に働きかけます。そのため、勝手に他人の心に介入し、自分に都合のよい結果をもたらすボタンであると考えることもできます。

もし、「どちらか1つを押さなければならない」という条件がなかったとして、それでも黄色のボタンを押したのであれば、独りよがりの判断といわざるを得ないでしょう。今回の思考実験では、どちらか一方を押さなければならず、なおかつ、自分に決定権があるのですから、悪用しないよう自分にいい聞かせながら、黄色のボタンを押すのも1つの選択肢です。

「自らの選択で相手を操作してしまうのか?」と考えたとき、他人の心を自分が決めるべきではないと結論づけるなら、消去法で紫色のボタンを押すでしょう。老婆に出会ってしまったのは、パートナーではなく自分ですから、自分に関わる範囲内で処理するならそれしかありません。

紫色のボタンは、先ほどの黄色のボタンとは反対で、相手に優位性のある選択肢です。しかし、ボタンの存在を知っているのはあなただけなので、話さなければ相手にそれを知られることはなく、優位性を利用することはできないはずです。

あなたは、パートナーの心に干渉する黄色のボタンを押しますか？　自分の心に干渉する紫色のボタンを押しますか？

アンケート結果

「黄色のボタンを押す」と答えた人が多数派となりました。紫色のボタンによって自分の心が操られることへの抵抗感と、黄色のボタンを押すことで、安心感、優越感を得られる点が票を押し上げたようです。

A 黄色のボタンを押し、パートナーが自分以外を愛せなくなる

B 紫色のボタンを押し、自分がパートナー以外を愛せなくなる

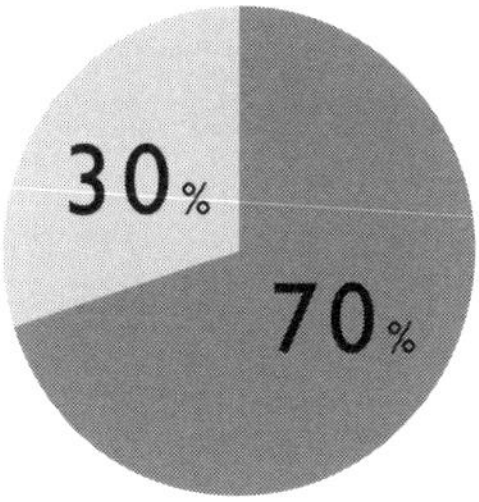

- 比較的パートナーに依存しやすいので、自分にとっては黄色のボタンのほうがお互いの関係性を維持しやすいと思う。浮気の心配がなく、安心できる。（32歳男性）
- 自分がパートナーしか愛せなくなるのは、リスクが高い。黄色のボタンなら、特に自分に不利益なことはないだろうと思うから。（36歳女性）
- 紫色のボタンを押すと、相手の気持ちが離れてしまったときにストーカーになりそう。（62歳男性）

- 自分に選択権があるのだから、パートナーの思考を変えることはよくないと思う。（61歳男性）
- 自分以外の人を愛されることは悲しいが、もし自分が先立ったり、別れることになったときには、新たな恋をして幸せになって欲しいから。（27歳女性）
- 自分のエゴで他人を変えようとすると、ひずみが発生すると思う。それなら、自分を変えるほうがいい。（41歳女性）

思考実験27

偉大な国民の証

とある国の国王は、毎年、「偉大な国民」を意味する勲章を、1人の国民に与えています。

過去にこの勲章を与えられた人は、いずれも大きな功績を残しており、世界的に成功した人や、芸術家として多くの人に愛された人、慈善活動にまい進した人など、人柄と実績を考慮して選ばれてきました。授与された人は、国民から大きな尊敬と絶大な信頼を得ることになります。

国王を支える10名の専門家が、人柄と実績を考慮して勲章を与えるにふさわしい人を候補に挙げますが、誰に授与するかは基本的に国王の独断で決められます。過去には、専門家が提出した候補者リストにない人が勲章を授与されたこともあります。

ある日、世界で事業に成功したものの、その手法がよくないと、国民からは嫌われている男が、国王にいいました。

「私に勲章をください。そうすれば、世界の貧しい国々に、薬をたっぷり送ってあげますよ。特に貧しい隣のA国には立派な病院も建ててあげましょう。勲章をくれないのなら、20の国に私の豪邸を建てるだけです。慈悲深い国王陛下は、隣国の多くの人の命を救いたいでしょう？」

もちろん、10名の専門家が出したその年の候補者リストに、この男の名はありません。

あなたが国王なら、この男に勲章を授けますか？

究極の選択

A 男に勲章を授ける

B 男に勲章を授けない

解説

「この男を信じるか？」と、「勲章の重さと多くの命の重さをどう考えるか？」が思考の中心となる思考実験です。男を信じるかについては、もし、男が〝貧しい国に薬を送り、病院を作る〟という約束を実行しなかった場合はどうするかを事前に取り決めておけば、ある程度強制力を持たせることができるでしょう。

しかし、男は慈善行為云々より先に、勲章を欲しがっていることから、かなり慎重にことを運ぶほうがよさそうです。

では、男が本当に隣国に病院を建て、世界の貧しい国々に多くの薬を送ると考えて進めていきます。

男が約束通りに実行すれば、病院と薬によって、多くの人が助かります。人の命を多数救うことができるのですから、男の申し出た行為自体は素晴らしいものです。この素晴らしい行為そのものを判断材料にするなら、正当な選出によって勲章を得られる可能性も出てくるかもしれません。

しかし、男は勲章を貰えるのであれば、世界の貧しい国々に手を差し伸べるといっているのであって、すべては「確実な勲章の入手」という条件あってこそです。「もし、確実に3年後に1億円以上の値がつく絵なのであれば、2千万円で購入しますよ」といっている人がいたら、自分だってそれなら無理してでも購入したいと思うでしょう。男の行為はこれと似ていて、**確実な見返りを目的とする偽善的な行為です。**いわば、勲章を購入する手段のようなものです。

問題は、多くの人が助かるとはいえ、勲章と引き換えにしていいのかという点です。勲章は「人柄と実績を考慮」して与えられるものであり、この男は少なくとも「人柄」が悪く、勲章を得るにはふさわしくありません。

男もそれがわかっているのか、慈善行為を取引の条件としています。この行為によって「人柄」の評価を補正しようという考えも含まれているのでしょう。

「勲章を与えるのにふさわしくない」から与えないのか、「人の命を救いたい」から与えるのか、勲章の威厳を取るか、目の前の多くの人の命を取るのかという選択になりそうです。

ただ、勲章を欲しがるということは、男が勲章の力を何かしらに利用しようとしているとも考えられます。したがって、この後、男が勲章を悪用する可能性があることも考慮する必要があります。それでも、困窮している多くの人は、どんな心から行う行為であっても、今、この瞬間の助けを必要としています。

あなたはこの男に勲章を与えますか？　それとも申し出を断りますか？

アンケート結果

「男に勲章を授けない」が多数派となりました。勲章は、素晴らしいと認められた国民に「与える」ものであり、「利用する」ものではないと判断されたようです。

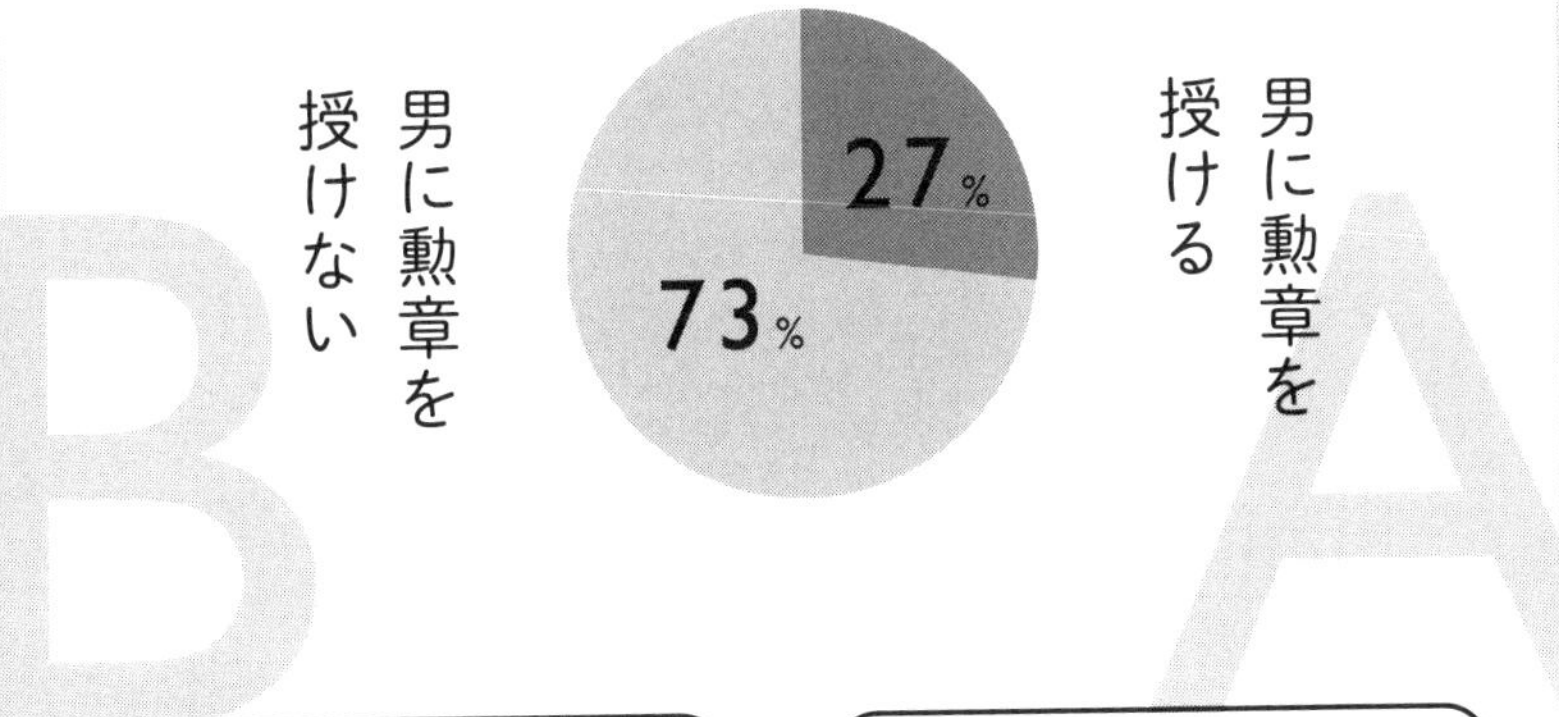

- 勲章を渡しても約束を破らないとも限らないし、悪徳な人間は信用できない。(38歳男性)
- 勲章をくれなければ多くの人の命を救うための行動を起こさないといっている。勲章と人の命を天秤にかけるような人には、勲章は授けない。(39歳女性)
- 本当に偉大な国民であれば、称号があろうとなかろうと、「世界の貧しい国々に、薬をたっぷり送ってあげる」と思うから。(34歳女性)

- 勲章を与えることで、隣国の人々が救われるのならいいと思う。(37歳女性)
- それまで批判的な手法で成り上がってきた男であっても、勲章を授けることで多くの人に対してよいことをするから。(67歳男性)
- 嫌な男ではあっても、貧しい国々に薬をたっぷり送ってくれるのなら、その時点で偉大な国民であることには間違いない。(32歳女性)

遠う角度から
脳を使って、
頭をリセット!

思考のリフレッシュ❹

言葉作成パズル

目標時間 各20秒

Q 空欄に同じひらがなを1文字入れ、言葉を完成させてください。

例題

こ□く□き›››

例題の答え

こうくうき
（航空機）

❶ □すぴ□い

❷ ひ□□おり

❸ せ□ぞろ□

❹ □のびあ□

❺ え□て□か

答えはP190へ

P136の答え
①油断大敵　②前人未踏

お疲れ様でした
これですべての究極の選択が終わりました

あとがき

2択の思考実験、楽しんでいただけましたか？「思考」「命」「近未来」「倫理」の4分野で、重い選択から身近な選択まで、幅広い思考実験をお届けできたのではないかと思います。

2択というのは、大きく隔たりのある2つの選択肢から1つを選ぶため、決断力を必要とします。日本人は判断や決断が苦手で、自分で決めるよりも、従うほうが得意な傾向にあるといわれています。学校教育でも個性より協調性が求められ、私たちは曖昧さを美しいと感じ、場に合わせることに長けています。

近年、学校教育が答えを導く過程に重点を置くものに変化し、考える力の重要性が唱えられるようになったのも、こうした国民性が、決断のスピードが求められる情報社会において不利なのではないかと危惧してのことなのでしょう。

私たちは毎日、何を食べようか、どこに行こうかと、小さな決断を繰り返しています

P188の答え
①かすぴかい　②ひととおり　③せいぞろい　④しのびあし　⑤えんてんか

し、考える力や決断力は、それなりに鍛えられていてもよさそうです。しかし、毎日使い慣れている思考回路ばかりを使い、ある程度好みというフィルターが思考を助けてくれる状態での決断では、脳を鍛えることはできないのです。

考える力は、黙っていて身につくものではありません。実践による経験を積んだり、感性を磨いたり、新しいものに触れたりして、会得するものです。

本書では、思考実験による考える力のトレーニングに加え、選択肢を2つに絞ることで、どちらかに決めるという決断の連続を体感していただけたのではないかと思います。もし、決断できずにいた思考実験があるなら、もう一度そのページに戻って究極の選択をしてみてください。普段の生活では使わない脳の回路を働かせることで、脳に何らかの変化が起こることは間違いありません。

本書を通じて、考える面白さ、小さな発見、新しい気づきなどを見つけていただけたのであれば、著者としてとても幸いに思います。最後までお付き合いいただき、ありがとうございました。

北村良子

デザイン	西垂水敦・市川さつき(krran)
イラスト	武田侑大
校正	麦秋新社
編集	安田 遥(ワニブックス)

選択を迫られたとき、思考は深まる。
究極の思考実験

著　者　　北村良子

2019年9月26日　初版発行

発行者　　横内正昭
編集人　　青柳有紀

発行所　　株式会社ワニブックス
〒150-8482
東京都渋谷区恵比寿4-4-9
えびす大黒ビル
電　話　　03-5449-2711(代表)
03-5449-2716(編集部)
ワニブックスHP　http://www.wani.co.jp/
WANI BOOKOUT　http://www.wanibookout.com/

印刷所　　株式会社光邦
D T P　　株式会社三協美術
製本所　　ナショナル製本

定価はカバーに表示してあります。
落丁本・乱丁本は小社管理部宛にお送りください。送料は小社負担にてお取替えいたします。ただし、古書店等で購入したものに関してはお取替えできません。

ISBN 978-4-8470-9836-9